一页纸工作法

任何问题都可以用一页纸搞定的神奇工作术

李萌◎著

中国友谊出版公司

图书在版编目（CIP）数据

一页纸工作法 / 李萌著. — 北京 : 中国友谊出版公司，2019.6（2019.10 重印）

ISBN 978-7-5057-4743-2

Ⅰ. ①一… Ⅱ. ①李… Ⅲ. ①工作方法－通俗读物 Ⅳ. ①B026-49

中国版本图书馆 CIP 数据核字（2019）第 107211 号

书名	一页纸工作法
作者	李　萌
出版	中国友谊出版公司
发行	中国友谊出版公司
经销	新华书店
印刷	三河市嘉科万达彩色印刷有限公司
规格	700×980 毫米　16 开 16.5 印张　249 千字
版次	2019 年 7 月第 1 版
印次	2019 年 10 月第 2 次印刷
书号	ISBN 978-7-5057-4743-2
定价	49.80 元
地址	北京市朝阳区西坝河南里 17 号楼
邮编	100028
电话	（010）64678009

如发现图书质量问题，可联系调换。质量投诉电话：010-82069336

前　言

01

上初中前我就很喜欢画画，画画时，一张纸、一支笔就能营造出一个属于我的小世界。但是，后来我并没有走上绘画的道路，跟大多数人的想法一样，我认为画画就是小孩子的专利，所以上了初中后就没再动笔画过画了。

只是，那一张纸和一支笔还有它们营造出的小世界却一直封存在我的心底。

本来觉得这辈子与绘画无缘了，但是机缘巧合，我在北京的一次会议中接触到了一种将信息视觉化的工具——视觉笔记，它将一天繁杂的会议内容，以图像结合文字的形式呈现在一页纸上。我当时就被震撼到了，心里想：世界上竟然还有这种东西，把我喜欢的绘画和会议的信息结合到了一起，这样的方式简直太棒了！

就在那一次，我心底对于绘画的渴望又被点燃了，因为这是一种可以将我的兴趣爱好和工作结合到一起的方式。后来我了解到，我所看到的视觉笔记并不是绘画，它是用图像和文字结合的方式呈现信息，能够帮助我们记忆信息，也能帮助他人更好地理解信息。我被这种简单易行的可视化工具深深地吸引了。

于是，我开始兴奋地搜索关于视觉笔记以及视觉化思维的相关信息，去买书、去学习。很幸运的是，我找到了 Visual-Bubble 创始人毛泡泡老师学习视觉引导，后来又跟优视觉教育创始人阿翔老师学习视觉思维。在学习的过程中，我的整个大脑像升级了一般，看问题的视角一下子从二维升级成了三维，对问题的理解也更加立体通透了。

很早之前就听过一句话："人这一辈子都在寻找一个密码，找到之后人生就打开了。"在接触视觉思维后我终于明白了这句话的含意，人生也才算是真正打开了。我不断尝试在一页纸上写写画画去学习知识，用可视化的方法解决工作和生活中的问题，随后我在个人成长、工作机遇方面都取得了巨大的突破。视觉化的思考方式让我的心智升级到了更高的境界。

后来再反观自己多年的工作、学习和生活经历，发现其实之前自己也用过很多视觉化的方式去解决，而且都能达到事半功倍的效果，只是自己当时没有意识到而已。比如，我们平时用于时间管理的清单，其实就是将待办事项视觉化出来，以此来清空大脑提高工作效率。又如，在项目管理中用到的甘特图，也就是一种将工作进展视觉化的工具，可以让我们更好地把控项目进度。

这些可视化的工具和方法都非常好用，但是却过于分散，不够系统，很多人并不知道遇到问题其实可以用画图的方法来解决，也不知道遇到的问题到底该在纸上画些什么才能解决。于是我做了一件非常有意义的事情——把视觉化的思维方式和那些帮助我们高效工作的模型、图表系统整合在一起，就"生"出了这套"一页纸工作法"。

这本书很系统地梳理了我长期以来的视觉化应用案例，总结了职场、成长、生活中各种各样问题所对应的视觉化解决方案。我自己是这样做的，人生得到了益处，所以我更加笃定一页纸工作法在解决问题时可以发挥巨大、积极的作用。我希望通过这本书，能够将视觉化的思维方式传递给更多的人，让更多人受益。

02

如果你喜欢绘画，但跟我一样从小就丢下了画笔，一页纸工作法可以让你重拾画笔。用这种方式虽然不能让你成为画家，但可以让你成为"工作中的艺术家”，随时都可以用图文结合的方式解决难题。

如果你对画画心生恐惧，担心自己画不好而不知所措，那更大可不必，请看一看我这个没有任何绘画基础的人，居然可以画出这么多、这么好的图（一张骄傲脸）。更何况一页纸工作法根本就不需要多好的画功，这本书所介绍的方法都是使用非常简单的图形来解决问题的。

那么这本书都适合哪些人看呢？

想用创新的方法解决职场难题的职场人士。

想要了解视觉化思考方式的伙伴。

想要掌握更高效的学习方法的成长达人。

想学习可视化的沟通方式，让沟通变得更顺畅的人。

还有那些想要随时用画笔记录生活的伙伴。

03

如果一切都准备好了，那么现在就请带上你的自信，踏上这段视觉化思维的冒险征程吧。而你现在手中拿着的这本《一页纸工作法》，就是破解旅程中每个关卡的通关秘籍，下图则是这场冒险之旅的通关地图。

《一页纸工作法》冒险之旅通关地图

接下来你会面临七个关卡的考验。

第一关：你要打开这本秘籍，了解一页纸工作法的基础知识。

第二关：苦练内功心法，从最简单的视觉元素开始学习，培养视觉化的思维方式。

第三关：来到公司里，用一页纸工作法解决个人职场问题，让工作看得见。

第四关：将一页纸工作法运用于团队中，帮助大家达成共识，让想法看得见。

第五关：用一页纸工作法帮助自己进行时间管理，让时间看得见。

第六关：在听课和学习中运用一页纸的学习笔记，让知识看得见。

第七关：此时的你已经掌握了视觉化的思考方式，开始用画笔记录生活中的点点滴滴，让生活看得见。

这段旅程关卡重重，充满挑战，探索未知或许会让人产生恐惧感，但未知也代表了希望。每突破一关你都会发现不一样的世界，相信你也会享受这个自我升级、不断迭代的过程。通过七关的磨炼，你会成为一个全新的自己，一个成熟的视觉思考者。

日本剑道学习有个心诀，叫作“守破离”。

“守”：在最初阶段，从最基础的知识学起，逐渐达到熟练的境界。

“破”：基本功熟练后，试着突破原有规范，让自己得到更高层次的进化。

“离”：在更高层次得到新的认识并总结，自创新招，另辟新境界。

学习一页纸工作法的过程，也需秉承“守破离”的心诀。先认真学习基础功法，不要轻视每一个小的图形训练，不断进行刻意练习。然后学会将视觉化的思维运用到书中提到的工作、成长、学习场景中。之后请放下这本书，将一页纸工作法运用到更多的场景里，从而达到一个全新的境界。

好了，让我们现在就踏上征程吧！

目录

第一章

任何问题都可以用一页纸搞定

朋友，现在你已经到达了第一个关卡。望向远方，这条路好像没有尽头似的，此时在你的心里一定生出了很多疑问："到底什么是一页纸工作法？""它真的可以帮助我在职场中脱颖而出吗？""我没有绘画基础会不会根本到达不了终点啊？"

不用担心，现在就请你打开秘籍的第一章，让我来告诉你关于一页纸工作法的秘密。

第一节　解决问题，一页纸就够了

你能想象吗？通过在一页纸上画图，很多之前束手无策的难题，都可以迎刃而解。

图像能够帮助我们快速厘清思路，更好地理解和记忆信息。研究显示，人们通过听觉获得信息，能记住10%；通过文字，可以记住20%；经由图像，则可以记住80%。正所谓一图胜千言，人类天生就是视觉倾向动物，对于图像更加敏感。

现如今互联网高速发展，我们在浏览微信、微博、今日头条等社交媒体时不难发现，图片信息越来越多，这说明内容可视化在人们的生活中已经占据了重要地位。

既然图像信息有这么多的好处，如果能够把它融入日常的工作和生活中，就可以帮助人们更好地传递信息、呈现想法、解决问题。这也就是我总结一页纸工作法的初衷。

所谓的“一页纸工作法”，就是在一页纸上用图像与文字结合的方式去呈现信息、梳理思路，从而解决问题的方法。

比如，一份读起来很困难的文字报告，利用一页纸工作法就可以把它变得清晰易读。

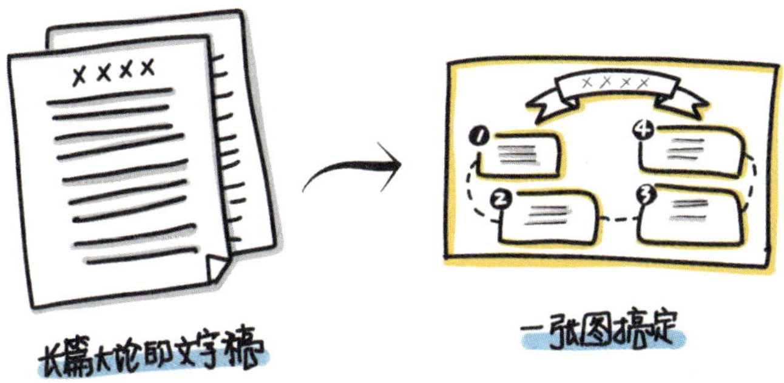

和别人沟通事项，说了半天对方也没听明白，利用一页纸工作法画一张图对方一看就能懂了。

遇到一个错综复杂的问题，不知道如何解决，利用一页纸工作法就可以轻松找到答案。

一页纸工作法具备以下三个特点。

一页纸

无论多么复杂的问题，只需用一页纸就可以轻松解决。而且正因为它只有一页纸，所以非常方便我们去拍照、扫描、留存、分享，是非常高效的工作法。

图像+文字的形式

使用一页纸工作法需要同时运用图像和文字，在解决问题时就能调动大家的全脑思维，让我们对问题的理解与思考更加深入。

快速解决问题

一页纸工作法不是艺术，我们不需要画得很完美，而是要通过简单的图形配合文字将信息快速地呈现在纸上。在这个过程中，我们能够看到问题的全貌并迅速厘清思路，得到解决问题的答案。

以上的三个特点造就了一页纸工作法的高效性和创新性，我们可以用它处理工作、生活中的各种问题，比如沟通交流、项目管理、团队协作、呈现策划案及会议纪要、个人时间管理，以及诸多你现在想象不到的其他问题。

第二节　学习一页纸工作法的好处

学习一页纸工作法就是要走出线性思维的牢笼，转换一种思维方式。

从上小学的时候起，老师就教给了我们做线性笔记的方法，那就是从上到下、从左到右，一行一行地去记笔记，老师在黑板上写什么我们就记什么。

这种线性思维方式一直被沿用到工作以后，无论是项目汇报、会议纪要、工作总结还是培训记录，我们都习惯使用纯文字加线性结构的方式去呈现信息，以至于手头上的文件、报告都是很厚的文字内容，看起来非常枯燥。

一页纸工作法帮助我们打破传统的线性思维模式，利用视觉思维更加清晰地呈现信息，更加快速地解决问题。我们现在就来看看一页纸工作法有什么好处。

一　有助于思考问题、梳理思路

我们经常会在犯罪悬疑类的电影、电视剧中看到这样的场景：警察们在分析一个复杂的案件时，通常会把涉案人员的照片贴在一块板子上，然后在照片旁加一些注释，画一些线条，这样就可以迅速地梳理出涉案人员的关系，厘清案情。

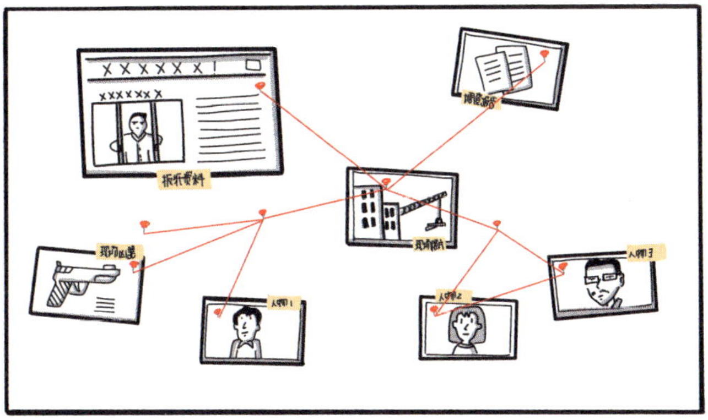

一页纸工作法其实就是要将那些抽象模糊的问题在纸上呈现出来，让抽象的问题变得具体。然后再将问题细化分解，把有关联的想法联结到一起，问题的解决方案也就跃然纸上了。

用一页纸工作法解决问题的过程还很像我们小时候解应用题的过程，类似于下面的题目相信你也做过很多：

一间教室的长是8米，宽是6米，高是4米，现在要粉刷教室的屋顶和四面墙壁，除去门窗和黑板面积25.4平方米，求要粉刷的面积是多少平方米。

如果光盯着题目中这一大堆文字和数字，很难想象出教室的哪个面对应哪些数字，但是画一张图出来就能很轻松地解题了。

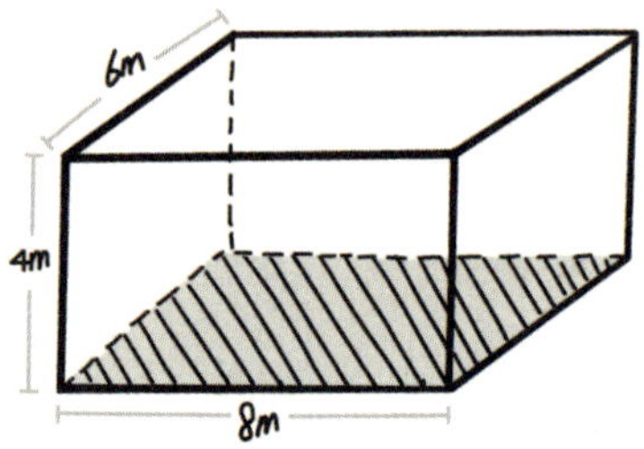

解题思路为：8 × 4 × 2+4 × 6 × 2+6 × 8−25.4

我们在日常生活中想问题的时候，仅凭想象很难看清问题的样子，用一页纸画出来才能看到问题的本质。所以画图非常有助于思考和梳理思路，可以将抽象的问题具体化，复杂的问题简单化。

二 呈现信息的全局性强

在传统的工作模式下，无论是总结报告还是策划案，我们往往都要做出好几页的文档或是 PPT。虽然 PPT 的呈现形式也结合了图像，但它的缺点是页数多，重点不突出，让人看不到内容的整体性和信息与信息之间的关联性。当你把冗长的 PPT 文件发送给别人看的时候，对方也无法清晰地了解你在说什么。

一页纸工作法因为只用一页纸，其中的重点内容我们可以通过不同大小的文字、不同层次的图形来体现。而信息之间的关联性，我们可以通过箭头等图形来准确地传达。当你在浏览一页纸的汇报或者策划案时，在看到第四点内容的同时还能看到第一点的信息内容，这样就能很清楚地知道这些信息之间是并列关系还是包含关系，这就是我们所说的一页纸呈现信息的全貌。

三　理解记忆更深刻

视觉化的东西本身就自带记忆光环，比如下面这段文字，我们很难一下记住：

我们这个项目目前面临几个工作，包括方案、场地资源、物料采买、搭建、宣传文案。其中方案又包括方案策划和方案撰写，文案又包括招募文案和推广文案。目前最迫切的就是要解决方案和场地资源的问题。

这么多的文字，其实用一张图表达出来就一目了然，也好记了很多。

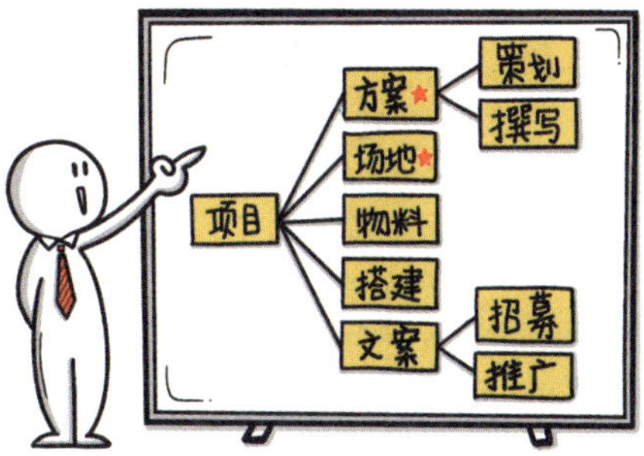

帮助理解记忆的这一好处，在进行学习输入时表现得更为明显。我们在输入并记录所学知识的过程中，要把文字（左脑）转化为图像（右脑），这就调动了我们的左脑和右脑同时思考，对记录下来的内容的印象就会非常深刻。

而且一个有效的学习过程必须经过从输入到输出的闭环，我们将文字转化成图像的过程，实际上就是先将文字信息输入大脑，再经过大脑的思考、理解、加工进行视觉化的输出过程，这就快速地完成了一次有效的学习。所以用一页纸工作法可以让我们对画出的知识内容的记忆异常深刻。

四 让沟通交流更加高效

沟通在职场中的重要性不言而喻，但是当你与同事、领导沟通一件事情的时候，却无法知道对方是否真正理解了你所表达的想法。因为每个人的文化背景不一样，对同一个问题的理解也不一样，很容易出现歧义。

拿之前网上特别火的一个段子举例：幼儿园老师让小朋友们每人带一条小鱼来观察，其他小朋友带来的都是游来游去的小金鱼，只有一个男孩带来了一条用不锈钢大盆装着的鲫鱼，于是就出现了非常搞笑的画面。这就是男孩的家人和其他人对“小鱼”的理解不一致的结果。

同样，在工作上与合作伙伴的沟通中，比如项目经理与设计师之间，产品经理与开发人员之间也容易出现这种对信息理解不一致的情况，会导致彼此的合作出现问题。而图像语言是人们的共同语言，如果我们在沟通时能够将想法呈现在纸上让彼此看见，双方就能很清晰地就一件事情达成共识。

人们生来就是视觉思考者，比起语言和文字，每个人都喜欢看到更加直观的图像。一些比较专业的知识内容，用图文结合的方式表达更会大大降低沟通成本。举个简单的例子。

1992年，阿特·西尔费曼遇到了一个问题——要让美国人民了解一份中包的爆米花含37克饱和脂肪酸。而美国农业部建议这样去表达："一顿正常的饮食所含的饱和脂肪酸不得超过20克，一份中包爆米花差不多就能提供成年人一天所需的饱和脂肪酸。"

阿特·西尔弗曼觉得那样说太过深奥，于是他是这样表达的：

将复杂、专业的内容转化为简单易懂的图文更方便我们传递想法。所以假如你想说服别人接受你的一个想法，大概最好的方法就是在纸上画出来展示给对方看了。

综上所述，一页纸工作法具有帮助思考、全局性强、易于理解、便于沟通的好处。当你学会使用一页纸工作法，就像是孙悟空学会了七十二变，从此即可变人、变物，变化无穷，对付各种妖魔鬼怪。你同样也可以将一页纸工作法用于各种各样的工作中，为自己厘清目标，提高效率，解决五花八门的问题。

下面我们就来开开眼界，看看一页纸工作法在工作、学习和生活中究竟有何用武之地。

第三节　一页纸工作法都能用在哪里

一　用于个人管理，梳理目标愿景

很多朋友在工作和生活中的一个大问题就是，找不到自己的目标和方向，内心充满了不安全感和不确定性。没有目标的人生就像在大海上漂泊的小船，终将迷失在无尽的浮沉中。目标的价值在于可以让我们找到航向，每天进步一点点，逐渐变成更好的自己。其实用一页纸就可以画出自己的愿景目标，找到人生的灯塔。

将愿景目标视觉化的方法有很多，比如我们可以通过在一页纸上画出“人生九宫格”来规划年度计划，确立自己在工作、家庭、成长、休闲、健康、理财等各方面的目标。

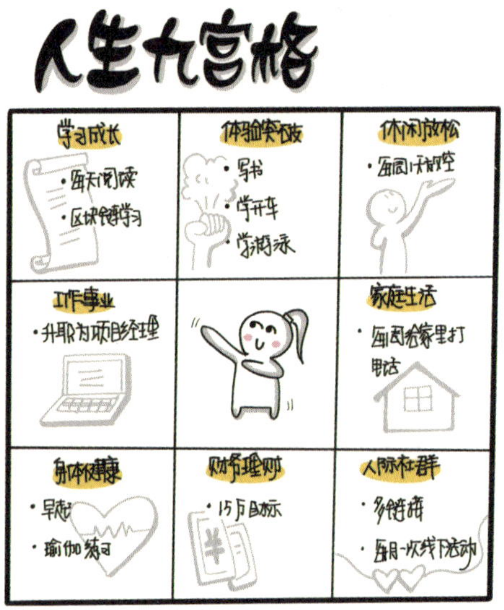

我从2016年开始，每年在年底都会用一页纸画出新一年的人生九宫格，整理出自己崭新的年度计划。这个小小的习惯让我实现了诸多以前根本不敢想的

梦想，比如自己创业、打造个人品牌、写这本书等。当然不能说梦想仅靠画几个格子就能实现，但是将梦想和目标视觉化有一种魔力，每当在纸上多写一字、多画一笔，我就能更深一步地和自己的内在产生联结，了解内心所想。

这些图像会引导你，让原本模糊的目标变得清晰可见，你也就很自然地开始筹划下一步行动，进而离梦想越来越近。

二　用于工作，增加职场竞争力

我们在工作中有非常多的场景可以用到一页纸工作法，比如策划方案、项目管理、会议纪要、各种汇报等。

之前有一次在工作期间我接到了一个非常紧急的项目，需要在1小时的时间内完成一个策划案。因为时间紧急，我当时已经不能用常规方法去打造一个完美的PPT了，因为又要策划，又要找图片、贴图，还要补充文字，需要耗费大量的时间。我当时脑子飞速运转，决定突破一下常规的思维，用一页纸画一幅策划图，类似于你看到的这样。

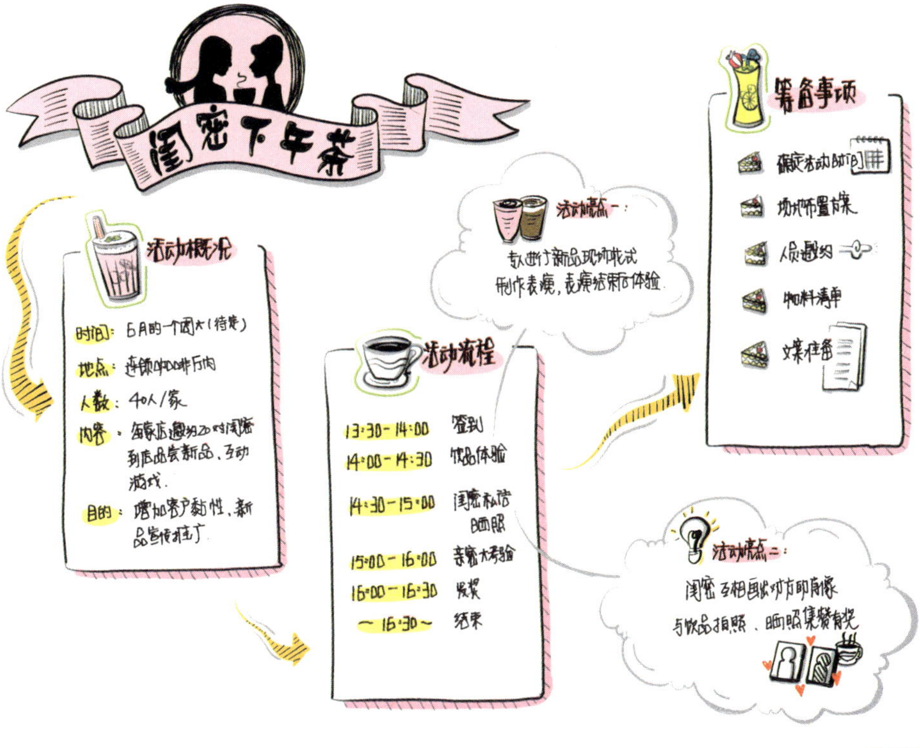

画完以后，我马上把这张图发给了客户负责人，没想到客户不到2分钟就回复了我，她说这张图形式非常新颖，而且一目了然，然后就拍板该项目通过，可以筹备起来了。

让我更没有想到的是，从那以后这个客户经常主动要求我来画这种一页纸的策划图。只有一页纸的视觉策划案全局性强，更方便沟通，而且形式新颖，吸引眼球，客户自己向上级汇报时也提高了效率。我当然也因此得到了客户的重视和更多的合作机会。有了一页纸工作法，可以解决诸多意想不到的工作难题。

其实在职场中，从平庸走向卓越的一个策略就是多维竞争。你在专业技能上也许跟其他人不相上下，但是如果多了一个视觉化的标签，就可以在人群中脱颖而出，得到更多的机遇。有时候稍微转换一下视角，就能拥有在职场上跃迁的机会。

三　用于交流，让沟通更高效

沟通能力是一项非常重要的技能，每个职场人士都想要与他人保持良好、顺畅的沟通，用一页纸边说边画可以让你的沟通能力提升好几个台阶。

比如，你现在正在跟客户沟通一个小型座谈会的现场布置情况，你告诉他："本次活动一共邀请到了12位嘉宾，我们有两种摆台方案。第一种是课桌式，一行4位，一共摆3行，主持人在前面。第二种是U形摆台，12个人围坐成一个U形，主持人还是在前面。您看更倾向于哪种方案呢？"

此时听完你的描述，估计客户要在脑子中反应很长时间才知道你说的是什么。但如果你一开始就拿出了一张纸和一支笔简单地画出你的构想，客户一看就能懂且更容易做出决策。

你不仅可以用图像表达自己的想法，还可以用一页纸画出客户的需求和想法并展示给对方看。如果在沟通过程中客户也能参与进来画上几笔，那么你和客户的关系瞬间会从“你”和“我”的对立面变成“我们”。在这个过程中双方会达成某种共识，不出意外你还会看到对方惊喜且投入的表情。假如你是一名顾问或销售，这样的沟通方式将帮助你拿下更多的订单和资源。

四　用于团队，增强团队协作能力

一页纸工作法不仅可以提高个人的工作效率，还可以帮助团队协作，提高团队工作效率，这一点在视觉会议中体现得最为明显。

现在的职场人士往往谈“会”色变，因为一个会议一开就是两三个小时，非但解决不了问题，还浪费了自己宝贵的工作时间。我们理想的会议，就是时间短又能解决问题，而且每个人都能充分表达自己的意见，最终大家还能达成共识。

视觉会议就可以实现这样的目标。我们可以提前准备好一张会议框架图，这样参会人员就能很清晰地看到会议目标，并跟随着会议进程图的引导达成一个又一个共识。我们也可以边开会边用一张大纸做图像记录，当人们看到自己说的想法被记录下来时，他们会感到自己得到了倾听和认可，在接下来的会议过程中就会投入更多的注意力。

一些视觉化工具的运用也能促使每个人都参与到会议议题的讨论中，会议结束时，大家将共创出一页全景图，未来也将投入更多的热情到工作中去。

你也可以将视觉会议的方式应用到各种主题、各种规模的会议中，从此跟无聊的会议说再见。也可触类旁通地将这种视觉化的思维运用到线下沙龙和各种活动中，效果也会非常棒。

五　用于学习，激发全脑思维

英国普利茅斯大学的杰基·安德雷德博士进行过一项实验，参与者被要求接听一通单调乏味的电话，接听电话时，一些实验对象边听边画，另外一些人只能单纯地听电话。她惊讶地发现，在对实验对象进行记忆测试后，涂鸦的人记住和回忆起的内容要比对照组多出29%。

我们都知道人类的大脑分为左脑和右脑，左脑主要负责语言、文字、逻辑方面的信息，右脑主要负责图像、绘画、音乐等方面的信息。在日常生活中，我们无论是与人沟通，还是阅读、记忆，都习惯于使用左脑，忽略了右脑的使用。但实际上，左脑和右脑就像是两个齿轮，只有同时运转，我们的大脑才能发挥出最大的功效。

下图是我在听《得到》APP专栏《马徐骏·世界名刊速读》中的音频时做的学习笔记，主题是“如何突破思维的框架”。这个音频讲到了“弹性思维”“范式转移”等关键词，还讲到了培养弹性思维的两个方法，一个是放空，另一个是先干费脑子的活，把大脑干累了再说。

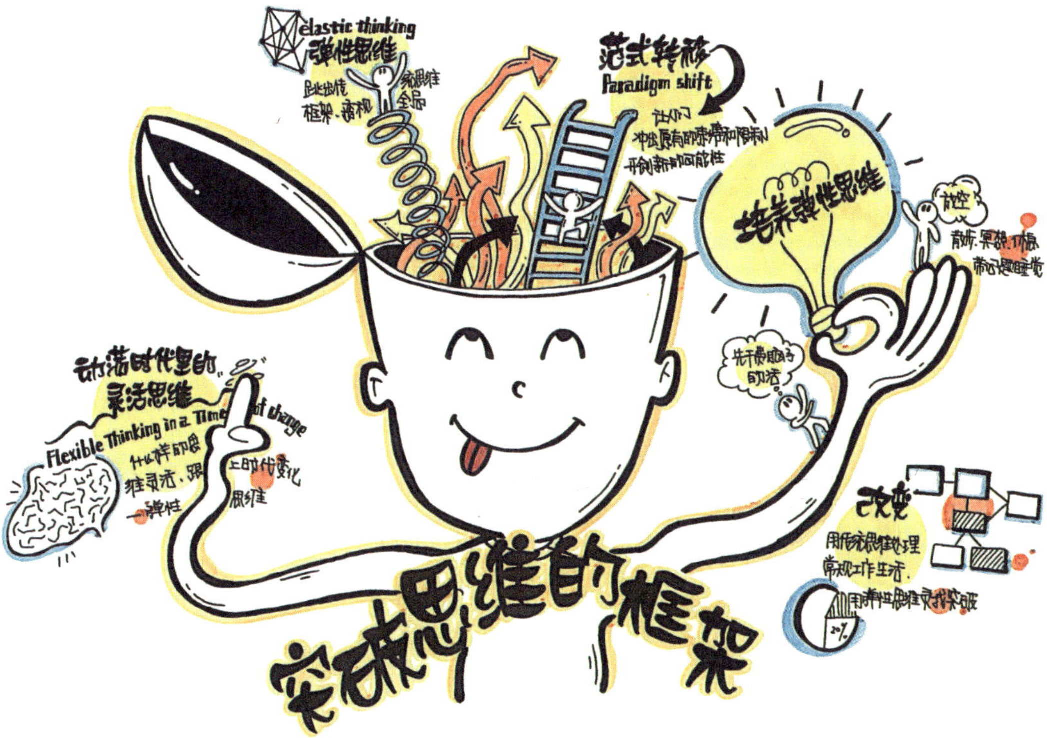

直到现在已经过去了很久，我还能很轻松地复述出当时听到的关键内容，正是因为我使用了图像加文字的记录方式。当我听到“突破思维框架”这些字眼的时候，便迅速联想到了开了壳的大脑、灯泡等图形。当我听到“弹性思维”，便又很自然地联想到从大脑里伸出一根弹簧，随即便用笔将这些图像呈现在纸上。这种文字转化图形的思考方式就调动了我的左脑、右脑同时思考，激发了全脑思维，从而更好地加深了记忆。

在工作中我们偶尔会有思维堵塞的时候，此时就可以尝试画一张图，让思维肆意地驰骋。不出意外的话，接下来你的脑袋里就会冒出很多灵感的泡泡，想出非常多的创意和好点子了。

六　用于放松，保持专注力

随着社会的发展，人们普遍生活节奏都加快了。上班族的工作压力更是越来越大，每天除了要产出大量的文字汇报，分析各种数据报表，还要处理繁杂的日常事务和突发事件。

大家的工作时长也是与日俱增，说是8小时工作制，但是很多人都过着“711”的生活，早上7点就上班去了，晚上11点才回家睡觉，第二天循环往复。生活工作的节奏如此之快，大脑一直处于疲惫不堪的状态。

使用一页纸工作法边写边画，在工作的同时就可以放松大脑，经常使用还能给工作带来无限的灵感和创意。一页纸工作法让我们保持专注，你会忘记时间与空间，完全投入在当下所做的事情当中。

七　用于生活，让无聊日常变有趣

如果你觉得一页纸工作法仅能提高学习、工作效率，那就大错特错了，它还能成为我们创意生活的添加剂。

我们可以把它用在旅行计划、行程安排、日志感悟，甚至是亲子沟通当中，当你学会用一页纸去记录生活，你的双手就变成了一部照相机，可以随时记录发生在身边的精彩瞬间。在这个过程中不仅你自己会感到快乐，你身边的朋友、家人也都会因此受益。

生活感悟随手画

以上就是一页纸工作法的诸多用处，它真的可以有七十二般变化，应用到工作、生活中的各种场景，这些应用我在后面的章节中也会有具体的分析讲解，估计很多人都已经跃跃欲试了。

但是你也可能会在心里嘀咕："你说得容易呢，虽然一页纸工作法有这么多的好处，但是我不会画画不是白搭吗？"下面我们就来一起探讨一下这个很多人都非常关心的问题。

第四节　不会画画，是不是就学不会一页纸工作法

之前我身边也有不少朋友有这样的担忧："我不会画画，是不是就学不会一页纸工作法了？"

当然不是啦！千万不要因为"不会画画"这样的顾虑就对一页纸工作法望而却步，这会让你关上一扇通往新世界的大门。其实学习一页纸工作法有两大误区：

学习一页纸工作法的第一大误区：我不会画画

世界上没有不会画画的人，只有不愿画画的人，每个人天生就会画画。我们现在可以一起回忆一下自己3岁左右时候的样子，不管是在纸上、墙上还是书上，我们都喜欢去肆意地涂鸦。

那时候我们并不在乎自己画得好不好，也不在乎别人的评价，只是单纯地想用图画来表达内心，而且非常快乐。但是，随着年龄的增长，我们会越来越在意别人的眼光和自己画得像不像的问题。但其实每个人心中都住着一个涂鸦的小孩，只是这个小孩因为我们长期的漠不关心而沉睡了。我们现在要做的就是唤醒内在的涂鸦小孩，拿起画笔，找回儿时单纯美好的快乐，发挥自己无限的创造力。

不会画画显然并不妨碍学会一页纸工作法，更不会影响我们用它去思考问题、表达想法。其实国外很多非常出名的视觉思维传播者也都没有很好的绘画基础，如写出《餐巾纸的背面》的视觉化思考大师丹·罗姆，他画的图像很简单，却能够解决各种商业问题。

学习一页纸工作法的第二大误区：一定要画得很完美

很多人认为要画图就要画得非常精美，所以会花费很长的时间。其实你要知道一页纸工作法并不是艺术，而是用简单的图像快速呈现信息、解决问题的方法。我们的目的是将想法呈现出来，与人沟通或解决问题，而不是要当一名艺术家，所以根本不需要画得很完美。

上面这张图上有两只狗，左边的那只画得很像很逼真，需要很好的画功。但是右边的那只是用简单画法画出来的，我们依然可以看出它是一只可爱的狗狗。这样简单的画法并不需要多好的画功，只要几笔就可以勾勒出来。

而一页纸工作法要做的，就是用右边这种简单的图像与文字结合，将自己的想法或信息内容快速地呈现出来，达到沟通交流、解决问题的目的。所以不用担心自己不会画画，也不要纠结自己非要画得很好很完美，最重要的就是拿起画笔，大胆进行一页纸的描画。

本章总结

任何问题都可以用一页纸搞定

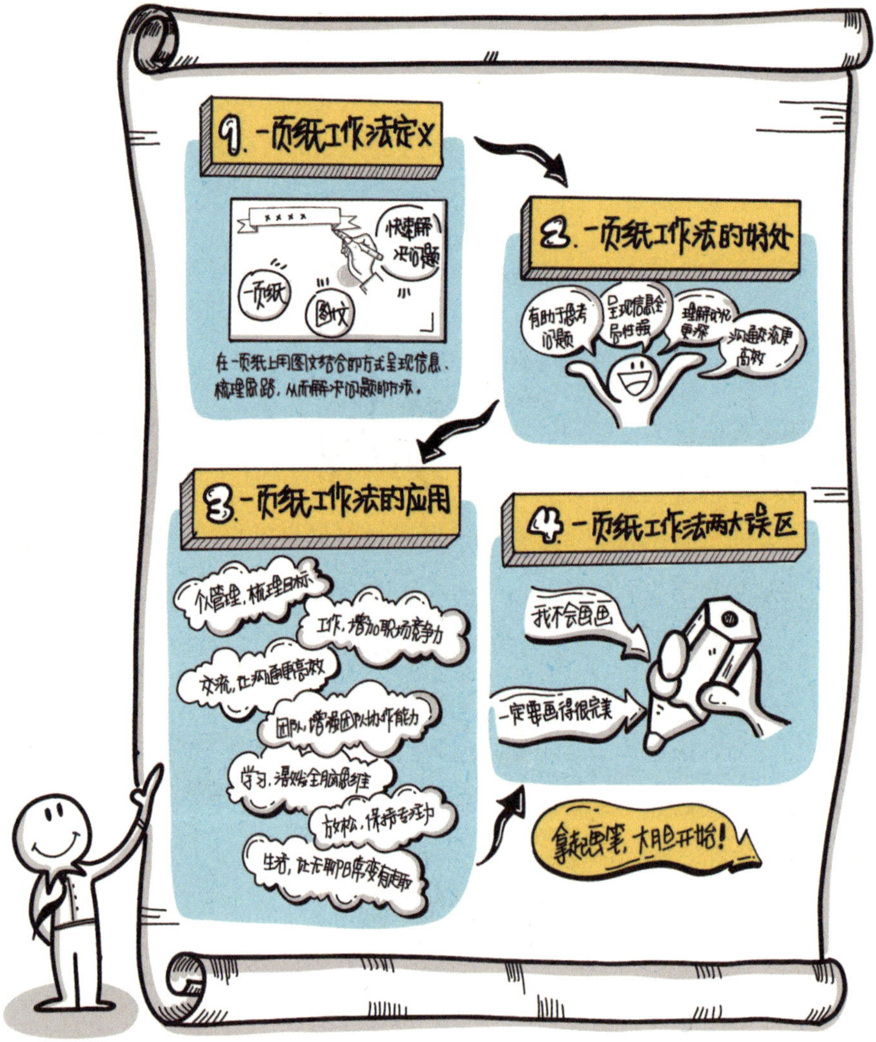

第二章

一页纸工作法的基本功

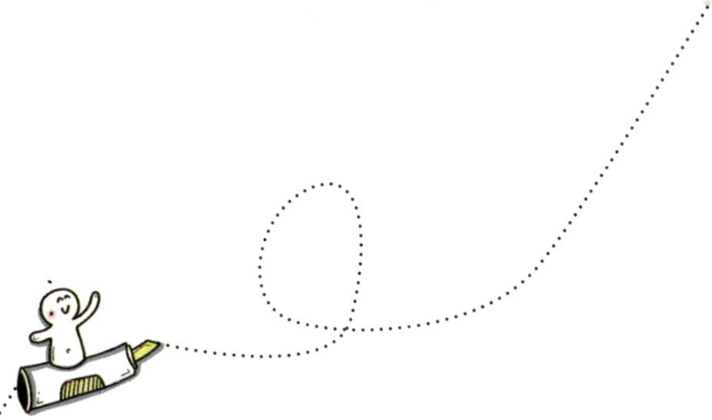

很开心看到你来到了第二个关卡，通过上一阶段的学习，你已经对一页纸工作法有了一个整体的认知。从现在开始，你就要真正地拿起画笔，从最基础的视觉元素开始学起，逐渐掌握一页纸工作法的精髓了。

这个阶段，是修炼视觉思维基本功法的阶段。任何一门武功都是从基本功开始练起的，学习一门技能也是如此，比如学习钢琴演奏，就要不断地做最基础的指法训练，像哈农钢琴指法训练。学习一页纸工作法，就是从不断地积累和练习最基础的视觉元素和基础图形开始的。

第一节　准备好行囊——一页纸工作法经常用到的工具

“工欲善其事，必先利其器。”在开始画之前，你先要充盈一下自己的行囊，准备好装备。我会介绍一些自己平时用得比较顺手的笔和纸。

我之前就在购买工具上浪费了不少金钱和时间，总觉得自己画不好一定是因为笔不够好使，所以不停地换换换、买买买。在这个过程中，对于工具的选择我总共经历了探索、囤积、精简三个阶段。

探索：起初，总觉得别人用的笔就好使，不停地探索那些画画好的人都在用什么。

囤积：然后，疯狂地买买买，把探索到的工具都占为己有。

精简：最后，用了一大圈，只剩下几样作为自己随身携带的宝贝。

在这个从多到少的过程中我不断精简，只留下几种最适合自己的工具。也明白了工具好不好、贵不贵并不重要，重要的是能够将信息准确地呈现出来。即使你现在手中只有一支黑色签字笔和一张白纸，也可以很好地通过图像去传达信息。所以不用过分纠结于工具的选择，要把宝贵的注意力用在视觉基本功的练习上。

好了，以上就是购买工具容易陷入的大坑。下面我就来介绍几种在视觉呈现时经常用到的工具。

一　笔

1. 黑色针管勾线笔

黑色针管勾线笔是画图、写字用到最多的工具，我们可以选择不同型号的针管笔画出不同粗细的线条，写出不同大小的文字。

我平时用得最多的针管笔型号是1mm 和0.5mm 两种，当然你也可以再选择一支型号为0.3mm 的针管笔搭配使用，我们用细线配合粗线能够突出画面的层次感。我个人比较青睐樱花（SAKURA）牌的，网上都有的卖。

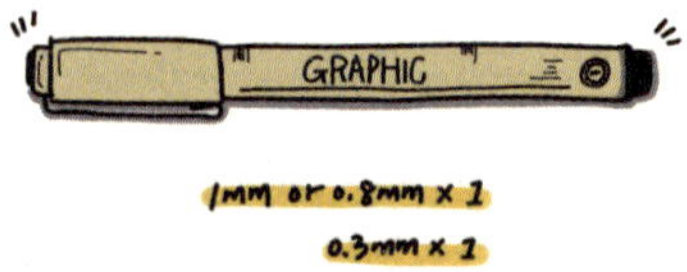

2. 马克笔

马克笔的作用是为画好的图上颜色，初学者无须使用复杂的颜色，所以不建议买颜色特别多的套装，或是价格非常贵的品牌。推荐斯塔（STA）牌水性马克笔36色就可以。

一般马克笔都是双头的，一边是圆头，一边是宽头或者毛刷。马克笔除了水性马克笔，还有油性马克笔。推荐水性马克笔是因为我们平时用的纸都不会太厚，水性笔在一般的纸上就可以使用，而油性马克笔很容易洇到纸的背面去。

二　本子和纸

纸张要选择稍微厚一些的全白纸，太薄了容易透。如果你未来会像我一样经常使用一页纸工作法，随时都会写写画画，建议你购买几个专门的本子，方便在工作中有了想法就随时记录下来，这样还能将所有画过的内容集中到一起。

我自己常用的就是3个本子：第一个是我的时间管理手册，用来记录每日清单，是一个A5大小的本子；第二个是我的视觉元素收集本，也是A5大小；第三个是我的工作梳理本，遇到问题就在上面写写画画，是个A4大小的本子。

本子除了纸张要厚以外，最好选择各种型号全白的本子，本上不要有横线，因为空白能够让我们的思维无限发散。另外，要尽量选择可以180°平铺展开的本子，本子铺平后就能画出一整张很大的版面。

要注意的是，上面提到的纸和本子，都是适于水性马克笔使用的，如果你使用的是油性马克笔的话，那就要选择类似铜版纸的纸张作为画纸才不会洇过去。

第二节　画图其实很简单——如何用视觉语言表达信息

学习一页纸工作法的本质在于，先要学会一种视觉语言，它能让我们把生活、工作中的事物用简单的图像表达出来。很多人都觉得解决不了“不会画画”这个问题就没法迈出第一步，那我们就先从视觉语言入手，打消你的这个顾虑。

一　视觉元素的种子

学习视觉语言的过程其实跟学习一门外语很类似，是一个循序渐进的过程。你在学英语的时候也是先学会了英文的26个字母，然后才能去记单词，进而掌握语法及应用。

所以学习视觉语言，我们也要从最基础的“字母”开始学起。但是视觉语言比英语容易学得多，它就只有6个“字母”，我把它们叫作视觉元素的种子，它们是构成图形的最小元素，我们用这6种视觉元素的种子可以种出大千世界中的万事万物。

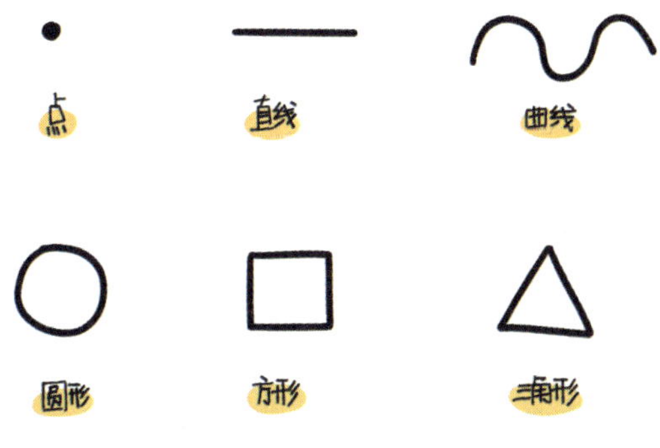

没错，它们就是：

- 点
- 直线

- 曲线
- 圆形
- 方形（包括正方形和长方形）
- 三角形

看完这6种视觉元素的种子，你肯定会说："哎呀，这3岁小孩都会画啊！"没错的，画图就是这样简单，所有的图形都是由这6个视觉元素的种子构成的。不信现在我随便画几个办公室中常见的物品，你能看出它们分别是由哪几种视觉元素的种子组成的吗？

电脑 = 长方形+长方形

便利贴 = 方形+三角形+点+直线

杯子=长方形+曲线

钟表=圆形+直线+点

笔=长方形+三角形+曲线+点

文件=曲线+直线

当我们拆解完以上的物品，你就应该逐渐明白了，在想象中非常复杂的物体，却是由很简单的点、直线、曲线、三角形、方形和圆形组成的。我们无须像画素描那样，把物体的每一个细节都画出来，只需多注意观察，看看物体是由哪几种视觉元素的种子构成的，把它们组合在一起就好了。

结合这6种视觉元素的种子，我们马上要学到一种非常好用的简单图形画法，它可以帮我们用简单的线条勾勒出这个大千世界的万事万物。

【简单图形画法的步骤】

第一步：先观察要画的物体的外轮廓跟哪颗“视觉元素的种子”很像，用针管笔勾勒出来。注意选择一个最佳角度去观察。

比如，你现在要画一辆公交车，刚开始一个很模糊的公共汽车形象在你脑中浮现了出来，你可能会感叹：“天哪！我平时总看到公交车，真是太熟悉不过了，但是让我凭空去画还真是画不出来！”

这时候你就可以上街去观察一下，或是从网上找一张公交车的图片，你会发现公交车的外轮廓不过是由视觉元素种子中的长方形和圆形组成的。我们可以先画出公交车的长方形车身和圆形车轮。

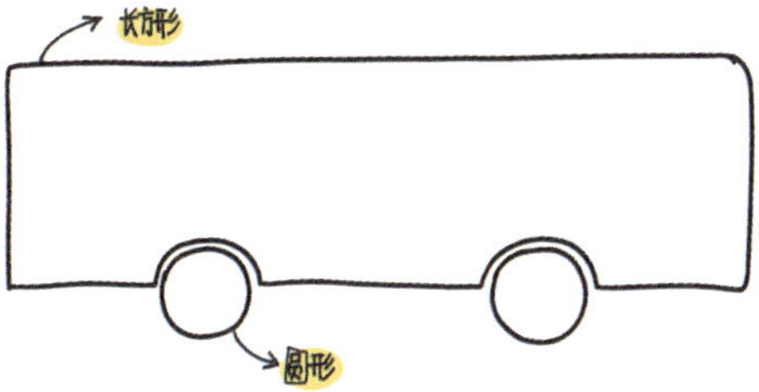

第二步：再观察一下物体，在外轮廓中添加细节。注意添加细节的时候要抓住物体的特点，不重要的细节就省略。

画完了公交车的外轮廓，我们再去观察它的细节，公交车的特点在于它的车身有很多的门和窗。我们把门窗上不重要的细节省略掉，其实就可以用正方形和长方形来体现，这样一个简单的公交车形象就跃然纸上了。

怎么样，用这个方法画图是不是很简单呢？我们现在再用简单图形画法画一支蜡烛。

通过观察可以发现，蜡烛的外轮廓实际上就是由长方形和曲线组成的，那么我们马上就可以画出一支蜡烛的轮廓。然后为了让它看上去更逼真，我们再去观察它的细节特点，发现蜡烛随着燃烧会逐渐熔化，我们可以用一些曲线表现出蜡烛熔化的感觉，这样一支正在燃烧的小蜡烛就在我们的笔下诞生了。

你可能会问："那些不规则的图形要怎么画呢？比如鞋子。"遇到鞋子这种图形，我们首先要选择一个最佳角度去观察它，相对来说鞋的侧面就比正面要好画很多。然后还是按照简单图形画法的步骤，先画出鞋子的外轮廓（虽然不规则，但是外轮廓用一条曲线就可以勾勒出来），再去添加鞋带、鞋底等细节，就像下图这样。

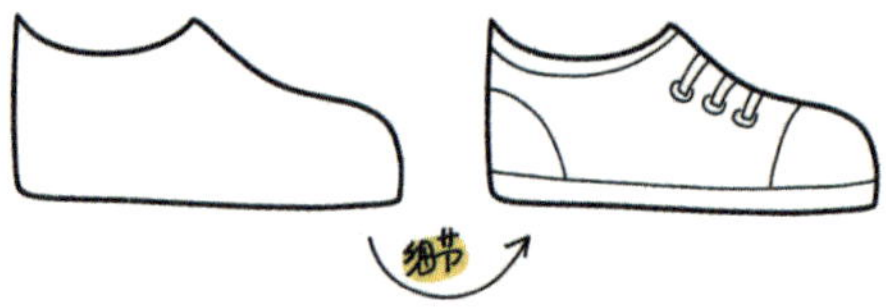

学会了简单图形画法，是不是觉得画图比想象中简单太多了？只要平时多注意观察生活，善用6颗视觉元素的种子，你就可以很轻松地用画笔描绘世界了。

光说不练假把式，下面就请你来亲自实践一下。我列出几个词，你尝试用刚刚学到的6种视觉元素的种子和简单图形画法将它们画出来。

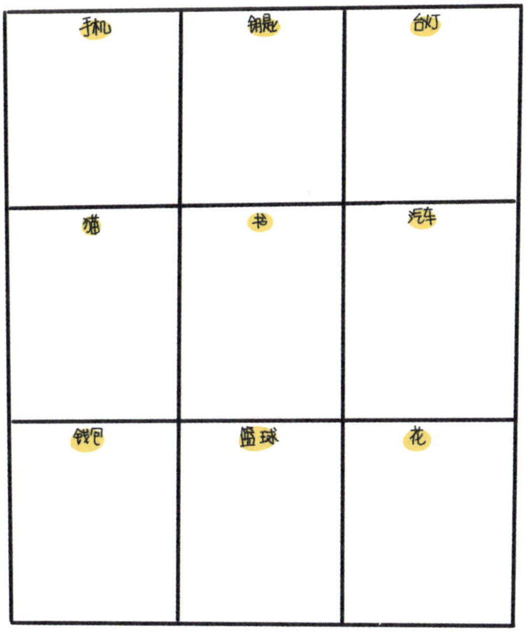

二　一页纸工作法的五大基础图形

刚刚我们学会了使用视觉元素的种子，也学会了通过简单图形画法画出一些常见的物体。此时此刻，你的小脑袋瓜里可能会冒出一个问题："要使用一页纸工作法，是不是需要把所有的图形都背下来啊？"当然不用，我们并不需要会画所有的图形，因为这个世界包罗万象，很多物体都是平时根本用不上的。

实际上我们只要掌握五种非常简单的基础图形，就可以使用一页纸工作法解决问题了。下面就来看看这五大基础图形。

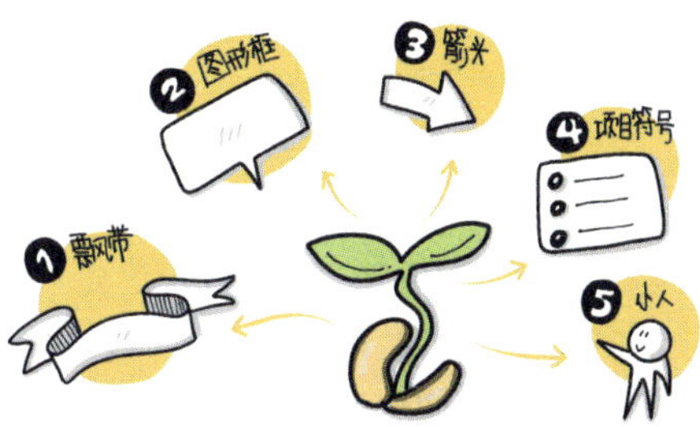

五大基础图形

1. 飘带

飘带的画法很简单：先画出飘带的一个边，然后给飘带画出厚度，再添加后面的折线。

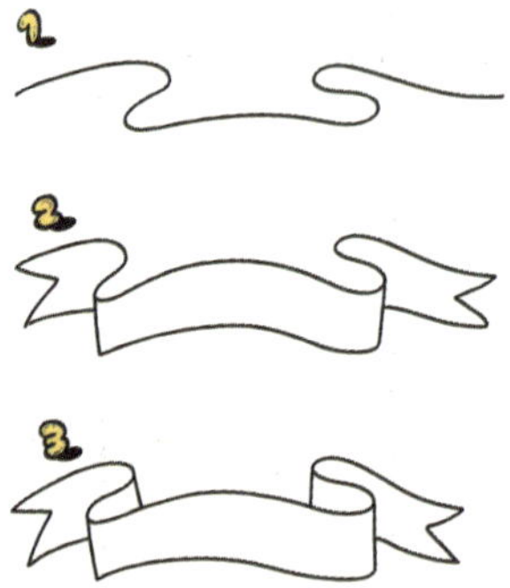

我们经常会在呈现信息时用到飘带这个图形，最常见的用法是把文字用飘带框起来作为标题或者突出和强调重点。

除了上面的基础画法，我还收集了不同种类的飘带图形样式，这样就能把标题画出不同的感觉。先把基础款的飘带熟练掌握以后再去临摹其他的画法就会容易很多。

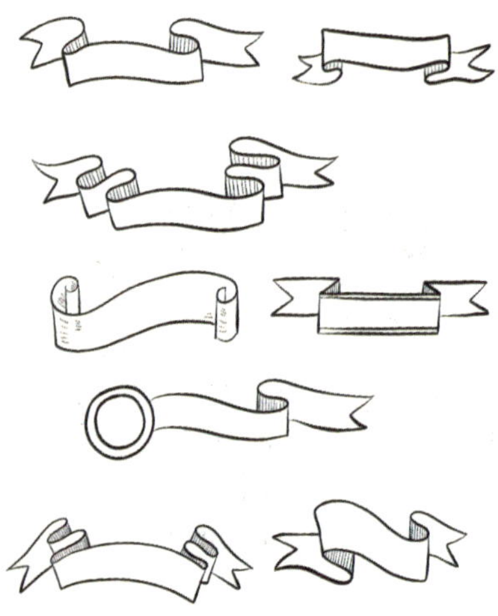

2. 图形框

图形框有多种形态，比如表现思考、幻想、想象的云朵框，还有表达对话的对话框，或是突出重点信息的文字框。

图形框画起来简单，作用却非常大，我们可以用图形框将表达同一内容的文字或图像与其他部分区隔开来。比如下图中的长方形图形框就把信息很清晰地分成了思考、沟通、协作三个部分。

除了上面的三种最简单的图形框画法，我们还可以做一些变化，画出不同感觉的图形框来。比如，为图形框添加阴影效果，让图形框看上去更加立体。或是把图形框画成心形、爆炸形，甚至是小人指着的一块白板的形态使用在不同的场景中。只要你脑洞大开，图形框的造型就可以千变万化。

3. 箭头

箭头对于我们来说再熟悉不过了，现实生活中几乎随处可见带有箭头的标志。箭头的画法也非常简单，先画出一条线，然后在这条线的一端画上一个小角。或是在一个长方形的一端画上一个三角形就形成了箭头。

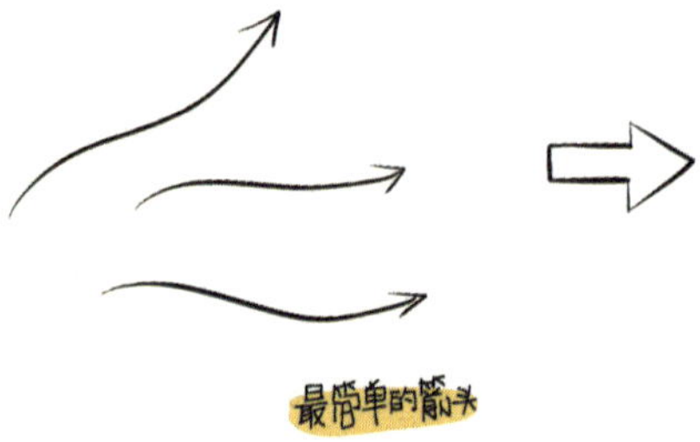

在一页纸工作法的应用中，箭头可以起到指示方向、强调重点和解释说明的作用。我们同样可以通过添加细节，画出不同形态的箭头，如为箭头画上阴影、为空心的箭头涂上颜色、把箭头画成路牌等。你能画出更多形态的箭头吗？

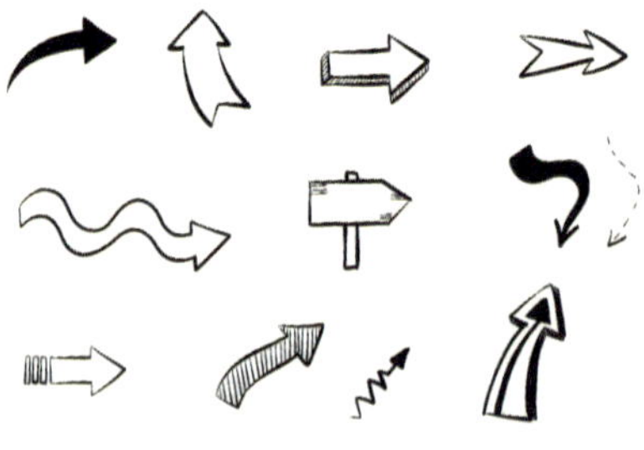

4. 项目符号

项目符号是用来标记同一层级的几条信息的符号，数字、字母、圆形、三角形、方形等都可以作为项目符号，相信你在工作中使用 Word 文档码字时就经常会用到。

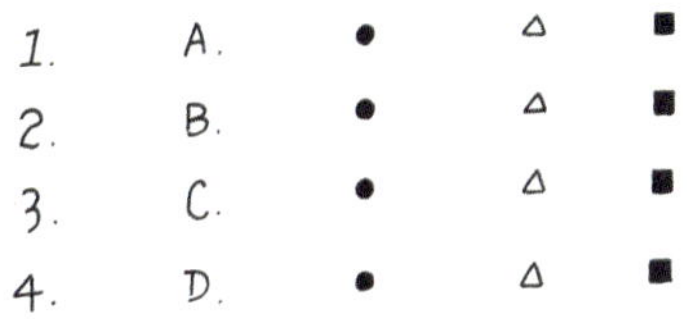

但在视觉语言中，我们可以发挥无限的想象力去给项目符号创造出五花八门的造型，如星形、心形、云朵形、便笺纸形等。你还可以根据自己要呈现的内容主题画出与之匹配的项目符号，如在呈现时间管理的信息时就可以使用钟表的造型作为项目符号。

5. 小人

人物在一页纸工作法中的使用频率也很高，当我们要描述具体的某个人时，或是要表达某种工作场景或人物状态时都需要画小人。但是大多数人都很发怵画人，觉得无论是画头、胳膊、腿还是手都太难了。其实我们可以用一个非常简单的方法去画出生动的小人，比如我最喜欢的星星人。

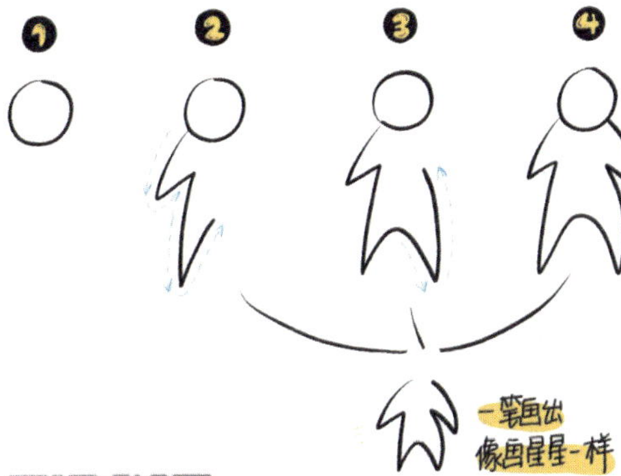

上图把画星星人的过程做了拆解，其实画星星人只要两笔就够了。第一笔是图中的第1步，画出一个圆作为小人的脑袋。第二笔是把图中第2、3、4步连起来，画出星星的四个角作为小人的身体。可以扫描图上的二维码观看画星星人的完整教学视频。

把星星人的四个尖角画得圆润一些，就变成了另外一种看上去“憨憨的”小人。

这样看来画小人是不是没有你想的那么复杂呢？我们在一页纸上画图的目的在于表达信息、沟通交流、解决问题，这种简单的小人画法满足了我们快速成图的需求。

当然在画人物的时候，人物的表情也很重要。我们画出来的小人外形上其实都差不多，但是通过画出表情就能够赋予人物情感。他是开心的还是难过的，大家一看便知晓。

我们平时用得最多的表情就是开心、难过和愤怒，你可以先把这三种表情做到熟练掌握。

除此之外，在描述职场中的一些场景时，我们还会用到思考、困惑、怀疑、疲惫等表情。

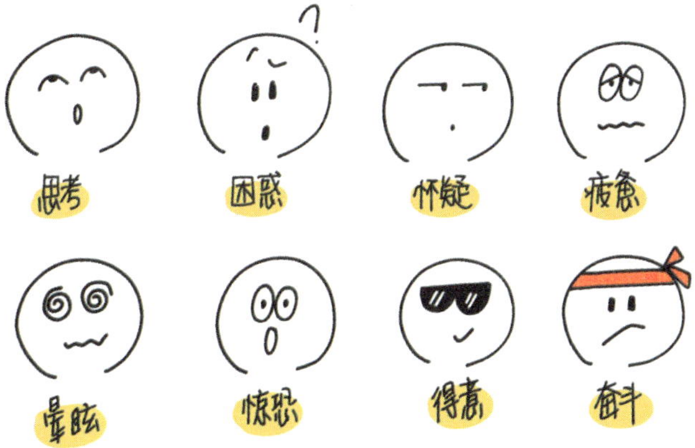

至于其他的表情，如果不知道怎么画，最简单的方法就是打开手机看聊天软件。我们的微信、QQ 聊天界面里的表情已经非常全了，你平时肯定也经常使用。那我现在就考考你，机智的表情怎么画呢？现在就拿起笔来画一画吧。

配合着表情，在不同的场景下还可以给小人添加动作。因为我们画的小人很简单，所以根本不用考虑骨骼关节的问题，不过也要在日常的工作和生活中多注意观察，看看别人在走路、思考、演讲等场景中的动作和状态，把它们印在脑海中，然后回家把它画出来。

三　建立自己的常用图形素材库

学会了上面的五大基础图形，掌握了飘带、图形框、箭头、项目符号和小人的画法，我们就已经掌握了一页纸工作法最基础的视觉语言。但是如果你想要随心所欲地用图形表达想法，就要储备更多的视觉语言词汇量。实现这一点很简单，那就是不断地观察生活收集视觉元素，建立属于自己的常用图形素材库。

每当我被问到“如何才能准确地把心里想到的事物画出来？”的时候，我都会建议对方买一个方便随身携带的小本子作为视觉元素收集本。你可以把自己画过的图形都收集在这个本子上，让它成为你的图形素材库，长期坚持下来，在你脑中积累的图形就会越来越多了。未来等到你画到不会画的图形时，就可以翻翻这个本子找灵感，随着练习次数的增加，你就可以凭空画出很多图形啦。

比如，在学习画小人的表情时，你可能一时之间无法把全部的表情都记下来，那你就可以在视觉元素收集本中专门拿出一页来总结小人表情的画法，以后画人的时候就可以翻开看看。

有了视觉元素收集本，你还可以利用自己的碎片时间做文字转化图形的练习。我们一天的时间非常有限，尤其是职场上班族，更难有整块的时间进行图形练习，这个方法让你可以见缝插针地去跟视觉元素进行亲密接触。

在收集视觉元素的过程中，你可能会遇到这样的问题：像咖啡机这种有实物的图像元素比较好画、好收集，但是，像互联网这样抽象的词应该怎么画呢？

实际上视觉语言的词汇就可以分为这两大类：一类是具体的名词，也就是我们在平时能够看得见摸得着的物体，它们都是有实物可以参考的，比如电脑、手机都属于这一类。另外一类是抽象词汇，它们没有具体的实物，包含一些抽象的名词、动词和形容词。比如互联网、跳跃、开心等。我们建立图形素材库的目的在于强化文字转化图形的能力，所以不管是具体的名词还是抽象词汇，都要做到轻松转化。

接下来我就拿职场类的视觉元素举例，说说如何才能更轻松地进行文字与图像之间的转化，建立起自己的常用图形素材库。

1. 具体的名词转化为图像

因为具体的名词都有实物可以参考，所以画起来就非常容易，利用之前学过的简单图形画法分分钟就可以把要表达的物体画出来。下面是在职场中经常用到的具体名词，你现在就可以把它们收集在你的视觉元素收集本中。

2. 抽象词汇转化为图像

相对于具体的名词而言，抽象词汇因为看不见摸不着，画起来就会难一些。比如我现在说出一个词——“快乐”，你要怎么画呢？

刚开始你可能会觉得无从下笔，“快乐”是什么形状的？要怎么勾勒轮廓呢？这时候我们可以换一种思路，仔细想想都有什么可以代表快乐。

看到上面这张图你就应该明白了，原来可以结合自身的经验把联想到的一些跟快乐有关的场景画出来。你可以画出一个哈哈大笑的小人，也可以画出相爱的两个人在一起，这些都能表达“快乐”这个词。

所以说想要画出抽象的词汇，联想很重要。如果你觉得联想很困难，我总结了一个抽象词汇联想的套路，一定可以助你一臂之力，轻轻松松画出那些看不见摸不着的词汇。

【抽象词汇联想套路】

抽象词汇中有名词、形容词、动词等，其实我们不用管它具体是什么词，只需往以下的三个方面去联想就好了，能想到什么就画什么。

- 人
- 物
- 场景

比如，刚刚提到的“互联网”这个词，往人的方面联想，可以画出一个头上长着天线正在发射信号的小人；往物的方面联想，就可以画一台连着 Wi-Fi 的电脑；往场景方面联想，就可以画出一部手机链接了多个信息源的场景。

又如，“目标”这个词，我们往人的方面联想，可以画出一个小人手指着一个方向代表目标；往物的方面联想，可以画出一支射中靶心的箭；往场景的方面联想，就可以画出一条小路，路的尽头则代表未来将要去的目标。

其实这些抽象词汇，只要你能从人、物、场景中的一个方面联想到画面，就算成功了。比如“思考”这个词，往人的方面就可以联想到处于思考状态的小人。“创意”这个词，往物的方面可以联想到灯泡。“突破”这个词，往场景的方面可以联想到打破蛋壳的拳头。下图是我总结的在职场中经常用到的抽象词汇，你也可以自己开动脑筋展开联想，把它们记录在视觉元素收集本上。

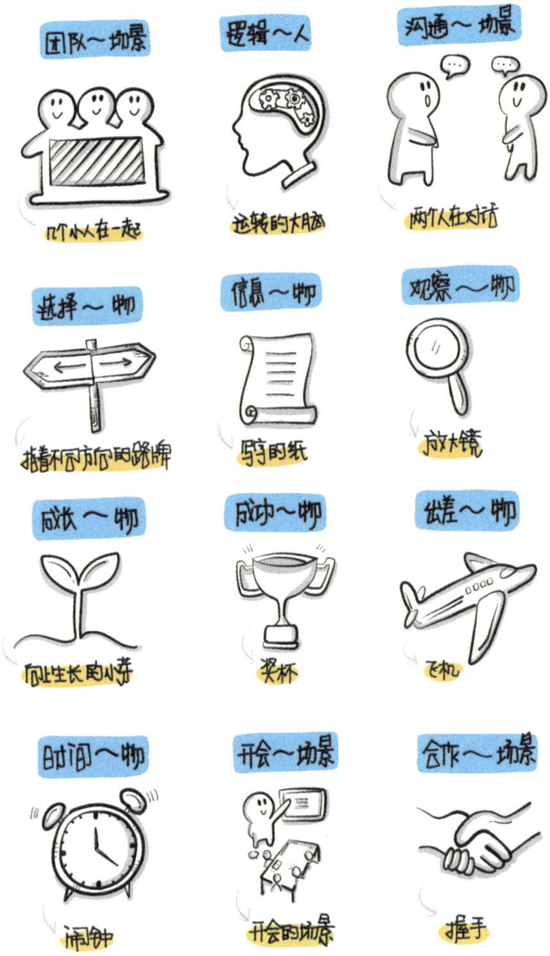

这样的联想法是不是很有意思呢？你会发现一个词往不同的方向联想可以生成不同的图像表达方式，这就给枯燥的文字赋予了无限多的可能性。现在的职场人士丢失掉的创造力，也可以在这种文字图形的联想游戏中找回来。要想提高联想能力，就要注意在日常生活中多训练自己的发散思维，每当遇到一个抽象词，就往人、物、场景三个方面去发散思考，想一想这个词都能用哪些图像去呈现，然后画出来。

第三节　一页纸工作法的视觉框架

通过上面的学习，你已经有了一定的视觉语言基础，现在就可以开始尝试用图像和文字结合的方式在一页纸上表达一个完整的想法了。

但是此时新的困扰又出现了："面对一页空白的纸，我该怎么把图像、文字摆放在一起才好呢？"不用急，我们可以提前储备一些视觉框架，然后将信息或想法填充到框架中。

一页纸工作法实际上解决了两大类问题，一类是文字呈现类，另一类是问题梳理类。

文字呈现类，就是将已知的信息进行视觉呈现的类型，比如做听课笔记、会议纪要都属于这类问题。要记录的书籍、文章、课程、培训、会议的内容，是我们从外界接收到的已知信息，但是它们信息繁多，线性结构，让人很难消化吸收，我们要通过视觉框架为信息赋形，将这些信息简单化、具体化、结构化地呈现出来。

问题梳理类，就需要我们为遇到的问题构思出解决方案。像方案策划、目标管理、梳理工作流程等都属于这类问题。假如你正在策划一个如何提高产品推广效果的方案，你的脑海中可能有无数的想法，刚开始这些想法是零散的、没有关联的，我们就可以通过视觉框架为这些信息赋形，将想法以某种逻辑顺序进行排列组合，得出一个解决方案。

下面就介绍这两大类问题对应的视觉框架结构，在呈现信息前先选择好合适的视觉框架，就再也不用担心自己无从下笔了。

一　常见视觉框架

通常文字呈现类的问题都是用以下4种视觉框架来架构版面的。

1. 线型结构

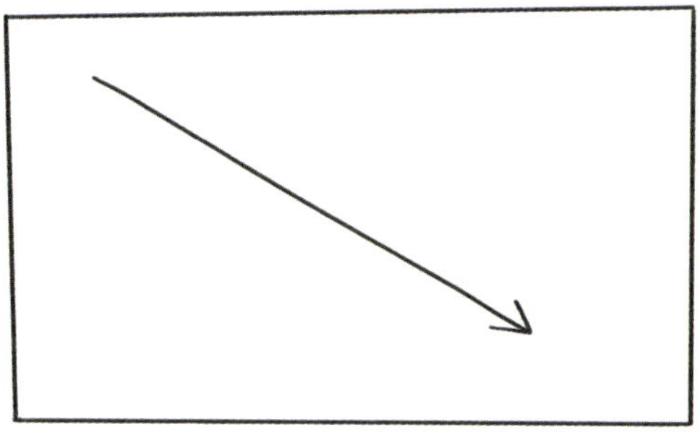

线型结构与我们上学时做的线性笔记的结构类似，就是从一页纸的左上角到右下角去展示信息。线型结构是比较基础的一种，我们只要用图像和文字相结合的方式把信息从上到下、从左到右地去呈现出来就好了。

线型结构因为符合人们常规的阅读习惯，所以比较适合做项目汇报或者一些数据成果的展示。它的缺点是缺少创意和变化感。

2. 路径型结构

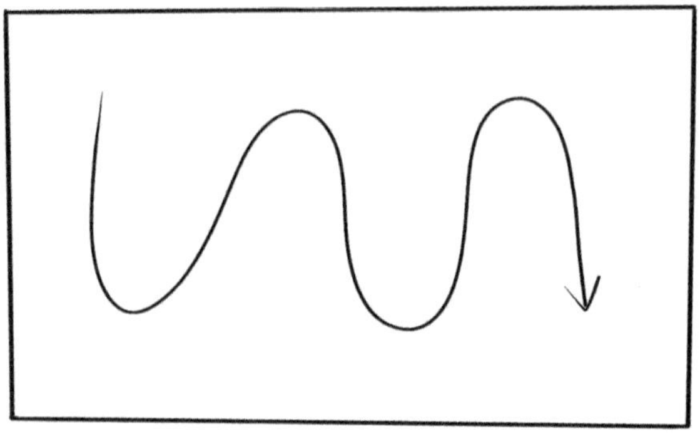

路径型的结构是：信息内容以一种路径的方式来排列信息块。

就像上图显示的那样，信息块之间是由箭头或其他类型的引导线串起来的，形成了一条路径的视觉效果。图中的路径很像一个 W 的形状，我们在使用路径型结构时，还可能画出不同形态的路径，比如 U 形、N 形、S 形等，具体的形状是由信息块的大小和多少决定的。

当你在记录别人提供的信息，又不太了解讲师或者你的沟通对象具体要讲什么、讲几点的时候，用这个框架结构就最合适不过了。路径型结构非常灵活，我们可以很随意地在一页纸上记录若干条想法，最后用一根线把所有的信息块串联在一起。它还可以用来做听课、学习笔记，以及记录一件事情的发展过程。路径型的结构因为有非常清晰的引导线指引路径的方向，所以别人阅读起来也非常方便。

3. **放射型结构**

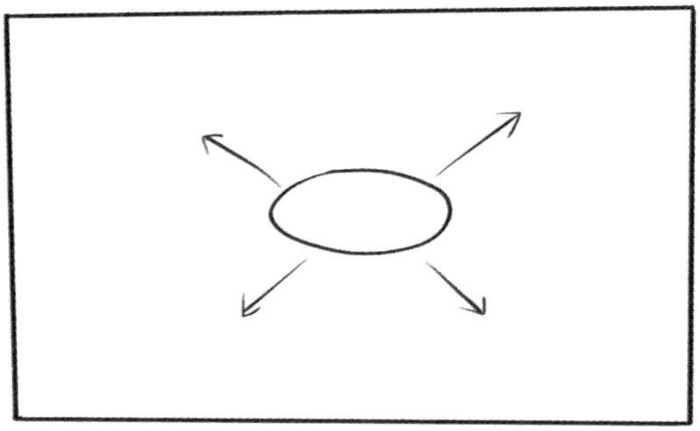

放射型的结构通常是：中心为主题，在主题的四周以放射状排列着几个信息块。我们熟知的思维导图就属于放射型结构。

像图中显示的这样，放射型的结构特别适合用来记录有并列的 N 个观点的信息。比如，你想表达高效能人士的7个习惯，就可以将主题列在中间，然后放射出7个信息块来分别表达7个不同的习惯。

放射型结构还可以用来说明某个人、物体、事件的属性，比如做产品介绍、自我介绍等。

上图是我曾经画的一个自我介绍，我把自己的专属头像和名字放在了中间的模块，然后从中心向四周辐射出4个信息块来分别介绍职业、坐标、标签和梦想。关于自我介绍的具体做法，等你进入下一个关卡中就可以学到。

4. 模块型结构

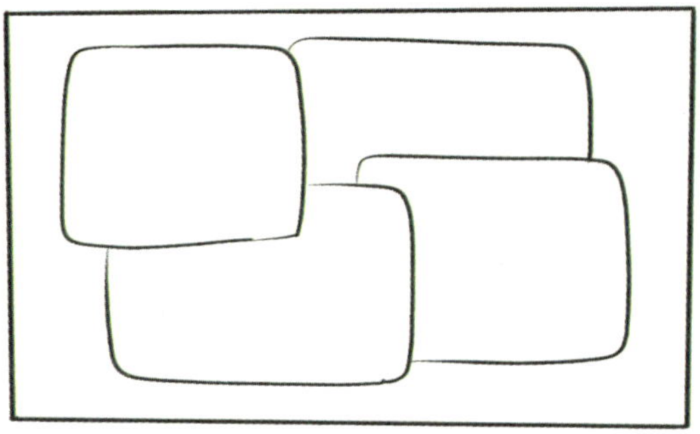

模块型的结构是用图形框把一页纸划分为不同的区域或模块，在每个模块内记录信息的结构。

这种结构的好处是信息区隔非常清楚，缺点是因为一页纸的大小有限，用这种框架结构最好提前知道你要记录几个信息块，才好留出足够的空间。它比较适合为自己梳理资料后呈现信息，或者做已知框架结构的演讲和培训的视觉笔记。

二　特殊视觉框架

当我们用一页纸工作法去做问题梳理，有时就无法直接套用上面的4种常用视觉框架，那就可以将下面的思维模型、图形框架以及隐喻图作为视觉框架来帮助我们思考问题。

1. 思维模型

思维模型是人凭借外部活动逐步建立起来并不断完善着的基本的概念框架、概念网络。

这个解释似乎不太好懂，让我们用一个类比来解释一下吧。上学的时候我们学数学都是先学习一个公式，然后再拿着这个公式去解决一个类型的数学题。那我们在工作和生活中遇到的问题，就相当于数学题，思维模型就相当于解决数学题的公式，有了思维模型我们直接套用进去就可以轻松解决问题了。

使用思维模型的好处是可以提高解决问题的逻辑性和效率，而且每个思维模型都可以用一张图来表示，这很方便我们把解决问题的过程视觉化出来。

我在下面列举了一些常用的思维模型，像黄金圈法则、5W2H 分析法、人机料法，还有 PDCA 工作循环、SWOT 分析法、波特五力分析模型等，它们是分析和解决不同问题的思维模型。

黄金圈法则

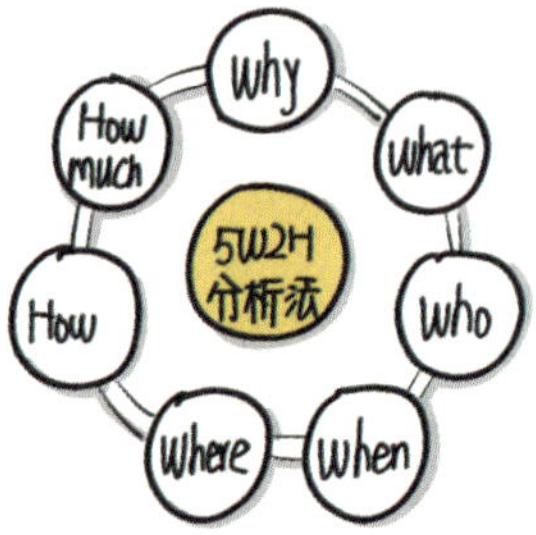

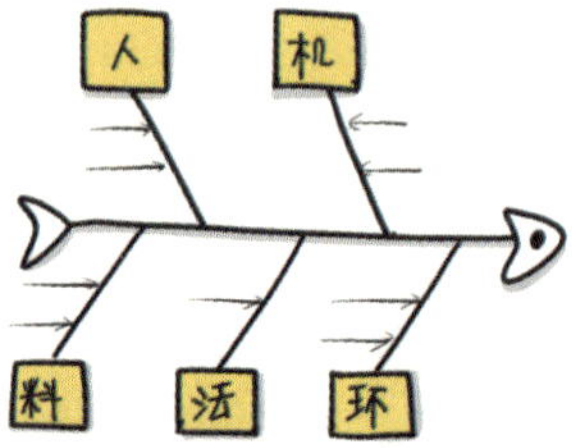

鱼骨图

SWOT分析法

波特五力分析模型

以黄金圈法则为例来具体说明一下。黄金圈法则就是把要思考和认识的问题画成三个圈：最外面的圈层是 what，也就是做什么，指的是事情的表象；中间的圈层是 how，也就是如何做，是实现目标的方法；最里边的圈层是 why，也就是为什么做一件事。

黄金圈法则

黄金圈法则的思考顺序是“从内向外”，按照 why—how—what 的顺序去思考。它告诉我们看待问题要学会从为什么开始，调动情感和信念。知道了这个思维模型，假如公司想要做一款产品，就可以套用黄金圈法则按照为什么要做这个产品、如何做这个产品以及产品的表现形式的顺序去思考问题，并填充模型图得到具体方案。

零散的信息和知识就像沙子，什么问题都解决不了，通过这些思维模型就可以把信息汇聚成晶体，形成解决问题的系统方案。

你会的思维模型越多，在遇到问题时就能更快、更精准地找到解决问题的钥匙。李善友先生说过："成年人学习的目的，应该是追求更好的思维模型，而不是更多的知识。"可见思维模型对我们学习成长的重要性。想要了解更多的思维模型，可以从书籍、课程和别人的分享中慢慢积累和储备。我平时会把看到的思维模型画在空白的卡片上放在一起，遇到问题的时候就去翻翻看哪个模型能够帮到我。强烈建议你也制作一套属于自己的思维模型卡片。

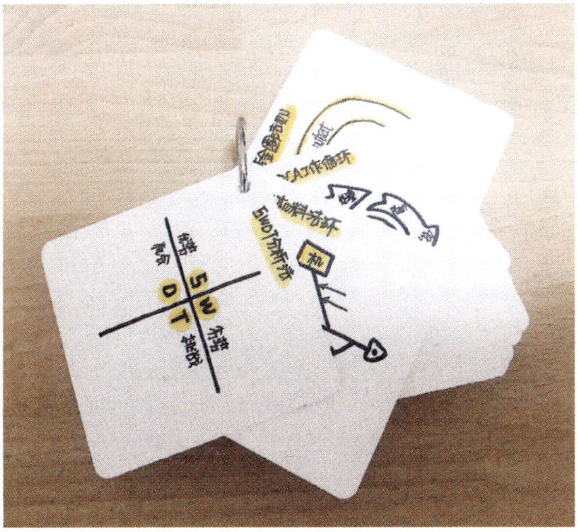

2. 图形框架

除了上面的思维模型，还有一些解决问题的图形框架。比如，下图中的九宫格、花瓣图、甘特图、流程图等，它们也可以规范出解决问题的思维方式，我们通过在图中填充想法，就可以得到问题的答案。

面对这些图形你可能有点晕了，这么多的图形框架，哪种问题应该匹配哪种图呢？想要培养自己迅速找到跟问题匹配的视觉框架确实需要时间练习，在这个过程中你会逐渐发现一些规律，在大脑中建立起问题与图形框架之间的桥梁。比如：要呈现工作进展的时候，你马上就会想到用甘特图；要做一个时间管理矩阵的时候，你就会想到使用网格图。

3. 隐喻图

隐喻图是由隐喻构成的图形框架，它是一种更加高级的视觉框架，因为加入了人们的情感因素。

比如，上图是我们经常会用到的旅行隐喻图，它就是用来规划目标愿景的视觉框架。在远方路的尽头升起的太阳，象征着未来要达成的目标。近处插着的几面旗子，象征着要达到目标需要完成的几个阶段性步骤。利用这个框架，我们将相应的信息填充到对应的区域中，就能规划好自己的行动方案。

又如，大家所熟知的冰山模式，就是利用了冰山的隐喻来帮助我们发现问题的本质。

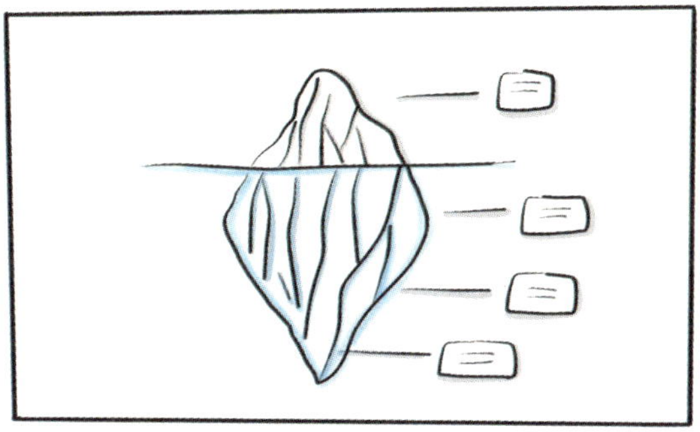

可以看到图中的冰山，露在水面上很小的那部分代表我们看到的问题表面，而隐藏在水底更大的那部分，则是造成问题的真正潜在因素。通过将信息填入对应的区域，我们就能更好地理解事物。

在工作和生活中，其实有很多类似的隐喻图可以直接拿来画在一页纸上当作视觉框架，这些隐喻图不仅有创意，而且也确实能够帮助我们深入地分析问题和解决问题。我们不光可以用这些现成的隐喻图，也可以根据自己的经验去创造隐喻。隐喻是一页纸工作法应用中的重要内容，我会在下一节中做进一步的阐述。

以上就是一页纸工作法会用到的几种视觉框架，在下一章介绍一页纸工作法的实际应用时，每个问题我会先列出相应的视觉框架，让你知道在遇到同类问题的时候该如何应对。

第四节　化腐朽为神奇——隐喻的使用

刚刚我们接触到了“隐喻”这个词，在呈现信息、与人沟通、解决问题的时候使用隐喻，就像在化学反应中使用了正催化剂一般，可以提高化学反应的速率。

一　什么是隐喻

那什么是隐喻呢？

隐喻就是用一个我们很熟悉的事物去认知一个我们并不熟悉的事物的方法。好的隐喻能让他人更好地理解你要表达的内容，让大家就讨论的事物产生共鸣，起到让人会心一笑的作用。

比如“爱情”，人们一直都喜欢用各种隐喻来代表爱情。

爱情是一场战争，恋爱双方可攻可守。

爱情是一场旅程，两个人是旅行的同行者。

爱情是花，需要精心的呵护才能结出果实。

爱情是两个人拉着橡皮筋，受伤的总是那个不愿放手的人。

怎么样，看这些句子的时候是不是在你的脑海中已经浮现出相应的画面了？它们从不同的角度诠释了爱情。爱情本身是难以名状的，把它用隐喻表达出来就很有画面感，大家一下子就能产生情感共鸣。

二　隐喻的案例

为了能够让你更好地理解什么是隐喻，下面举一个通过隐喻梳理职业发展规划的例子。

古典老师的专栏《超级个体》的第一课就介绍了一个“车日路”的模型，

这也是一个很好的隐喻和思维模型。

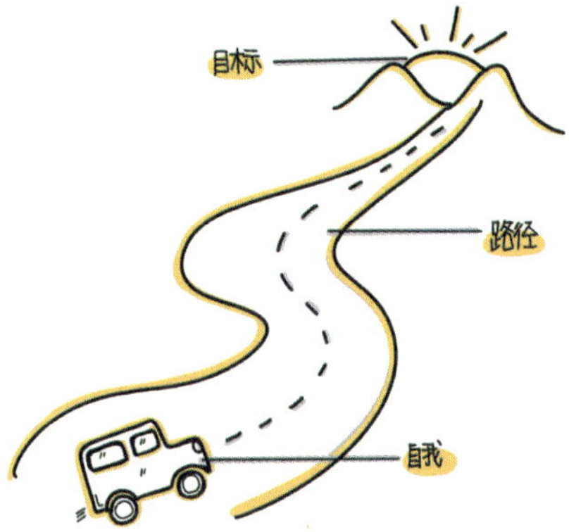

车日路模型看上去有点像我们之前学过的旅程隐喻图，但是它加入了“车”的概念。这个模型讲的是一个好的职业发展计划由三部分组成：目标、自我和路径。“日”代表你要去的地方和目标，也就是你的职业发展目标是什么。“路”代表你要走的路径，需要弄明白要想到目标那里，这个路径分成几步。“车”代表你自己，你是一辆什么车呢？自行车、越野车还是法拉利？你对你这台车的马力有信心吗？这就要对自己的能力进行评估，看看有没有需要提升的地方。

看，如果让我们直接去做一个职业发展计划，脑中可能会比较混乱，不知从何入手。但是用了这个隐喻，我们就很自然地开始将自己的职业发展三要素与画面上的图形对号入座起来，想象着自己到底是一辆什么车？又想要去哪里？

看过以上隐喻案例的描述，你应该已经知道什么是隐喻以及隐喻的作用了。如果想要给他人讲明白一个新事物，尝试用视觉隐喻呈现出来吧，这会让你的想法更容易被理解和接纳。

三　如何创造隐喻

既然隐喻有如此神奇的功效，我们要如何创造隐喻呢？

1. 多观察生活、多联想

隐喻是用一个事物来说明另一个事物的艺术，所以平时要多去观察生活，好的隐喻都源于生活。观察过后，我们还要训练自己的联想能力，每当你遇到一个复杂的问题，可以多去想想，这个事情和我们平时的什么很像呢？

有人问爱因斯坦："相对论到底是什么？"爱因斯坦回答："你坐在美女旁边一小时感觉就像一分钟，你夏天在火炉旁边坐上一分钟感觉像一小时，这就是相对论。"

熟悉的事物就在我们身边，隐喻就是需要我们根据过往的经历从生活中不断地发掘与提炼，感知新事物与熟悉的事物之间的碰撞和联系。

2. 记录灵感

我个人平时有写文章的习惯，需要输出大量的文字，在不断写作的过程中我养成了一个习惯，将看到的好的素材，有感悟的片段，有创意的图片都收集起来。然后我会将这些感悟存储到自己的印象笔记中，分门别类打上标签。这样在我以后写到某个主题的文章时，就可以去印象笔记中查找相关的素材了。

隐喻的创造也是如此，多注意体验生活并尝试用文字或图像随时将感悟记录下来。这样当某一个新事物发生时，你就会关联到自己之前记录过的内容，一个隐喻就被创造出来了。

创造隐喻时一定要注意，我们使用的隐喻一定是大家都有共同经历的，能够引起别人共鸣的。如果只有你自己有这个体验就把它当作隐喻呈现出来，别人是理解不了的。

3. 经常做一些隐喻练习

每每遇到问题，不要急着给出答案，想想这个问题可以用一个什么样的隐喻来表达，尝试拿出一张纸来画一画。你可以先画出个大概，然后把自己的情况与隐喻中的图形相互关联起来，长期做这样的练习，就可以养成一种思考习惯。

比如你发现最近自己的工作状态不太好，那就可以拿出一张纸来边想边画。

"我的工作像什么呢？"

通过联想，你的感受是工作就像打仗，那就在纸上画出自己在战场上的场景。

“为什么像打仗呢？”

因为客户就像敌人，时不时就会向我发起突袭，而电话和邮件就是他们的炮弹。

画着画着，你会觉得自己放松了许多，随着把现实中的事物和隐喻中的元素关联起来，你也搞清楚了问题的所在。把客户当成敌人肯定会失去工作的动力，是时候调整一下心态啦。

是不是这种隐喻练习还挺有意思的？有时候你可以用这个方法跟自己对话。

隐喻能够实现不同个体之间的经验联结。每个人都有不同的经历和文化背景，当描述一个新的事物时，如果能够将它类比为大家都熟悉的一个事物就能引发大家的共鸣，调动大家联想新事物和自己熟悉的事物之间的关系，从而更好地理解这个新事物。

第五节　展开一页纸的修行——一页纸工作法的运行流程

在前面我们已经学习了做好一页纸工作法的基础视觉语言，也了解到一页纸工作法的视觉框架，以及如何通过隐喻帮助我们更生动形象地呈现想法。这些就是你要学习的全部基本招式了。

招式拆解完，我们现在要做的是把之前学到的零散招式串联在一起，打一套组合拳。所有的方法论都有自己的一套运行逻辑，也就是遇到问题后先做什么后做什么，一页纸工作法也不例外。我们下面就来看看一页纸工作法的这套组合拳是怎么打的，它的运行流程究竟是怎样的。

用一页纸工作法处理问题，总共要经历输入、思考、整合、呈现四个步骤。

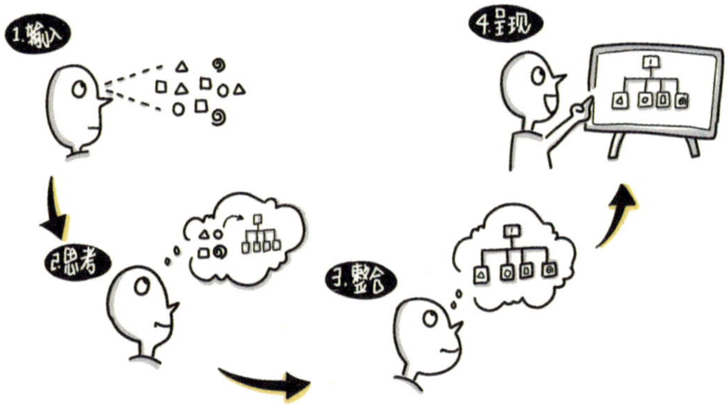

第一步：输入

一页纸工作法的第一个步骤是输入，也就是要先获取大量的信息。阅读、聆听、观察，都是我们的输入途径。

输入是整个运行流程的第一个环节，在输入的过程中我们要保持专注，因为只有接收到全面的信息，后面的思考才会充分，最终的呈现才能更有价值。反之如果输入的时候就丢失掉很多内容，就会影响到接下来思考的质量。

第二步：思考

思考是整个步骤中最重要的环节，这是将繁杂的信息内容进行整理和分析的阶段。

在思考的环节我们要做三件事情：

- 整理信息，将信息化繁为简，提取重点内容，过滤掉无关的信息。
- 观察信息的内在逻辑。
- 找到解决问题的视觉框架。

我们前面讲过，一页纸工作法实际上是在解决两大类的问题，一类是文字呈现类，另外一类是问题梳理类。我们分别看看这两个类型问题背后的思考逻辑。

文字呈现类

文字呈现类就是要通过一页纸工作法，将听到、看到的书籍、文章、课程内容用图像和文字结合的形式呈现出来，让内容得以清晰、结构化地展示。

在思考阶段，我们要对输入大脑的信息进行过滤，保留关键信息，识别出这些信息的内在逻辑，然后找到呈现信息最合适的视觉框架，把它们从线性结构的单调模样变成逻辑清晰、富有情感的样子。

至于如何快速过滤出关键信息找到视觉框架，就要懂得一些方法了。我们在阅读、聆听的同时要去寻找信息的规律，它们有可能是按照时间顺序、空间顺序或是某个思维模型排列的，找到规律才能准确地选出呈现信息的视觉框架。

另外，一般的文章、演讲、培训的内容都会采用金字塔的思维结构。

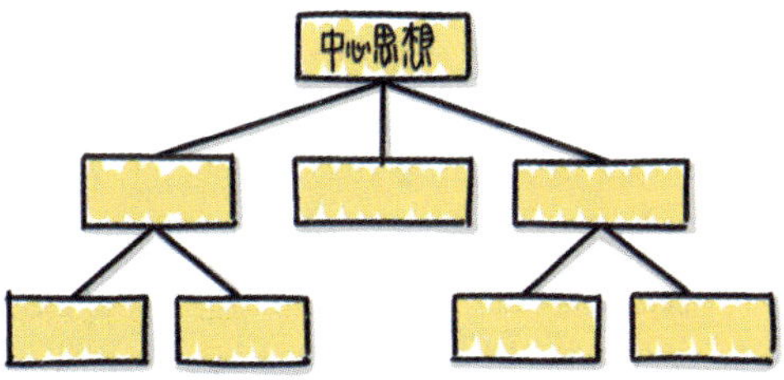

总之，在思考阶段，对于文字呈现类的问题，我们要做的就是快速梳理信息的逻辑结构，找到与信息匹配的视觉框架。

问题梳理类

当我们使用一页纸工作法梳理问题时，在思考阶段，就要先界定问题，然后根据问题找到解题的视觉框架。那些我们之前学过的思维模型和图形框架都是很好的解题工具。

无论是文字呈现类还是问题梳理类，在思考阶段我们都要整理信息，并选择呈现信息或解决问题的视觉框架。

第三步：整合

通过上一步，我们将信息进行了整理提取，也得出了解决问题的视觉框架，那这一步就要将信息按照视觉框架去整合内容，将同类的信息放在一起，得出解决方案。

仅有框架并不能解决问题，我们只有把信息填充在框架中，才能形成一个完整的解决方案。视觉框架相当于房屋的框架结构，信息相当于砖墙，根据不同的框架结构，我们会搭建出不同外观的建筑。

在这个将信息填充到框架的过程中，其实并没有停止思考，随着给框架填充内容，我们会把问题想得越来越通透，从而得到解决方案。

第四步：呈现

一页纸工作法的最后一步，就是要用笔把脑中的画面呈现在纸上。除了要呈现视觉框架以及文字信息，还要将重点的文字内容转化为图像，更好地激发解决问题的灵感。

以上就是一页纸工作法的四大步骤了：输入—思考—整合—呈现。输入阶段要求我们做到绝对专注，获取大量的信息。思考阶段要将信息整理，找到跟问题匹配的视觉框架。整合阶段我们要按照规则将信息填充到框架中，并进行整合细化。呈现阶段我们要动手去画，在一页纸上呈现出清晰、结构化的结论。

下面我就举两个例子来具体说明一页纸工作法的这四个步骤。

案例一：假如你现在要根据一个讲者的演讲内容呈现出一篇笔记

这是一个文字呈现类的问题，一页纸工作法的运行过程如下。

第一步：输入

通过专注地聆听，获取到讲者表达的演讲信息。

第二步：思考

在讲者的演讲内容中包含了很多故事和案例，还有一些不重要的信息。你要对这些繁杂的信息进行过滤，提取出演讲的重点内容。你发现讲者其实是按照时间顺序来讲解自己的成长经历，你就选择了路径型结构的视觉框架来呈现信息。

第三步：整合

将听到的重要时间点以及每个重要时间点的里程碑事件填充到视觉框架中。

第四步：呈现

把以上内容结合图像输出在一页纸上。

案例二：你要梳理出一个有效的产品推销方案

这个任务属于问题梳理类，用一页纸工作法的解决过程如下。

第一步：输入

明确自己的问题，要做出一个有效的产品推销方案。刚开始在你的大脑中会冒出很多跟产品和推销有关的信息，比如这款产品的属性、优势、消费人群等。

第二步：思考

通过整理，你想到一个专门应对推销产品问题的思维模型——FABE 销售法。这个思维模型可以通过四个关键环节，巧妙地处理好顾客关心的问题，从而顺利地实现产品的销售。于是你决定把 FABE 法画出来作为解题的视觉框架。

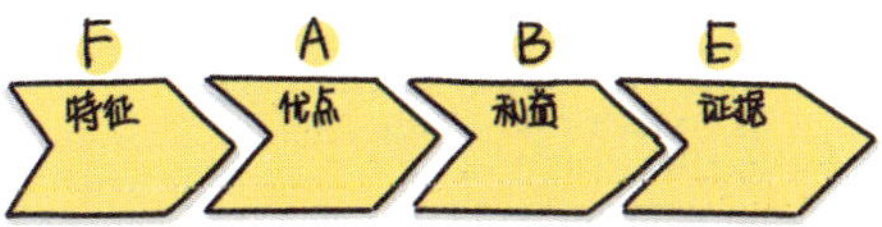

第三步：整合

将这款产品关于特征、优点、利益、证据四个环节的相关信息填充到 FABE 的视觉框架中。

第四步：呈现

把以上内容呈现出来，你就得到了一个很好的产品推销方案框架。

需要说明的一点是，在实际操作的过程中，输入、思考、整合、呈现的环节也许并不是很严格地按照上面描述的顺序一步一步走下来的，而是交错着进行的。因为当我们对信息可视化非常熟悉以后，所有的步骤就会融合在一起。

本章总结

一页纸工作法的基本功

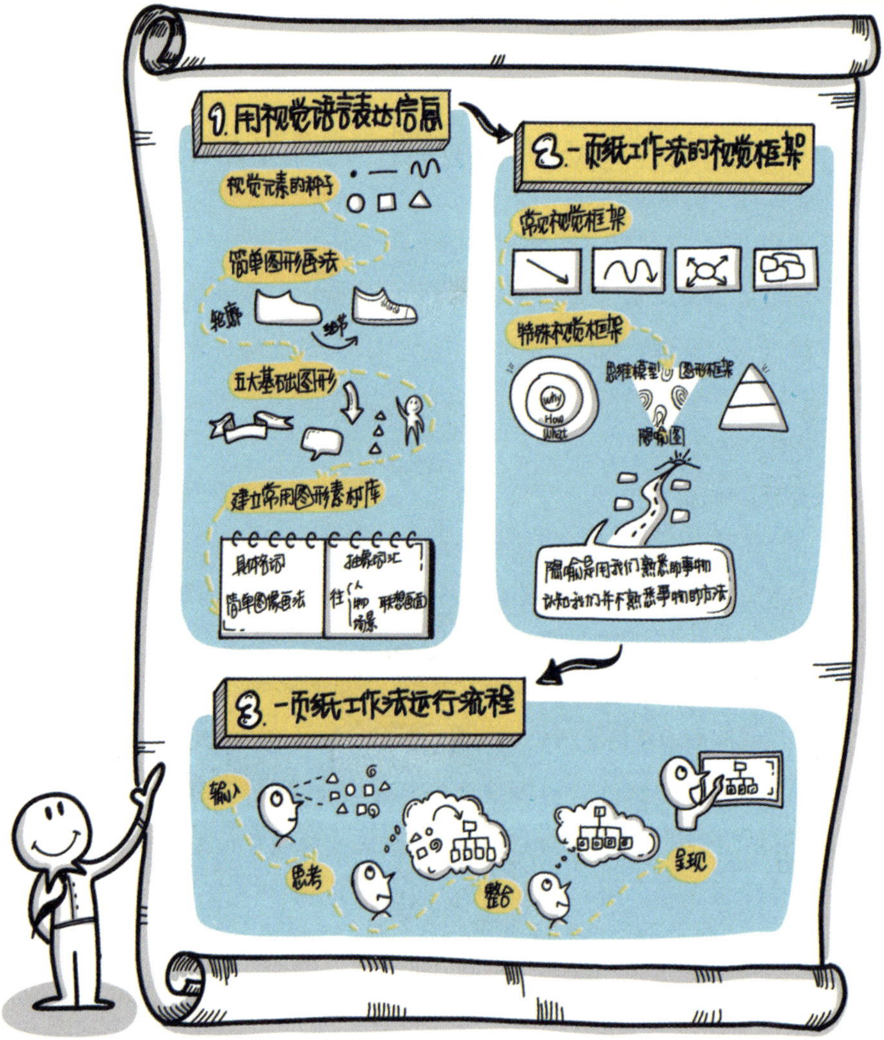

第三章

一页纸搞定大问题——职场篇

（个人）

很开心看到你踏入第三个关卡，在上一个关卡中，你已经掌握了一页纸工作法的一整套基本功。在这里你就要真正地将一页纸工作法应用到职场当中去解决问题了。

在现如今这个竞争激烈的社会中，做一名优秀的职场人并不容易，我们面临着各种各样的难题。比如，个人职场发展方向、职场技能提升、人际沟通等诸多方面的问题，这些问题纵横交错，仿佛编织成了一张巨大的蜘蛛网困扰着每一位职场小白。

但是不要担心，一页纸工作法能够帮你轻松化解一系列的问题，助你从一个职场小白变身为职场红人。

在这个关卡中，我会通过一系列的案例拆解，告诉你如何使用一页纸工作法解决职场难题。针对每一个职场问题，我都会按照【解决问题】—【思考解读】—【视觉框架】—【操作过程】的顺序来讲解，它们分别代表的是：

- 解决问题：解决的具体问题是什么？
- 思考解读：如何思考这一类问题，找到对应的解题视觉框架？
- 视觉框架：解决此类问题的视觉框架模板是什么样子？
- 操作过程：在具体的案例中，一页纸工作法是如何操作的？

其实这就是对一页纸工作法，输入、思考、整合、呈现四大步骤的拆解，以这样的形式来说明，方便你以后遇到类似的问题时也知道如何去思考和应对。

首先，我们就从明确人生发展方向开始，用一页纸工作法解决职场规划的问题。

第一节　职场规划

一　用一页纸梳理个人愿景

职场人士所面临的最大问题，就是职场发展方向不清晰的问题。现在很多人都处在一个迷茫的状态中，虽然每个人都有自己的工作轨迹，却依然会对现状不满意。你是不是也有下图中的这些困惑呢？

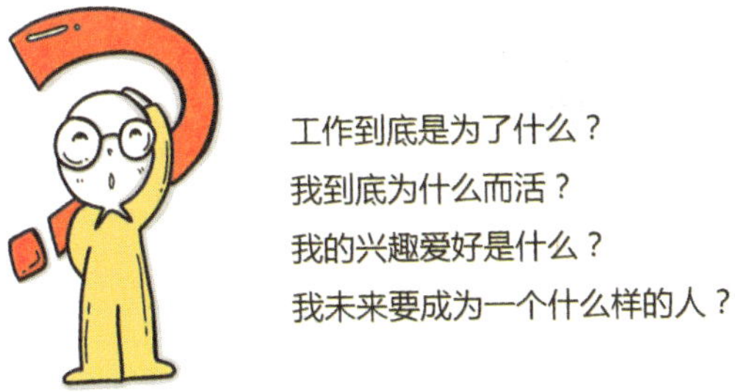

这些问题可以说是我们工作和生活的初心，如果这些问题搞不明白的话，肯定会觉得每天的工作毫无意义，对未来也感到迷茫。

但是这些问题我们又很难凭空想出答案，怎么办呢？这时候就可以用一页纸将自己的愿景目标视觉化出来，一旦将心中所想的目标画在纸上让自己看到，我们就可以找到人生方向，从而离梦想越来越近。

可以给你分享一下我的真实经历，我想通过我的案例告诉你，将愿景目标视觉化出来是一件多么重要的事情。

之前的我一直在北京的公关传播行业工作，踏踏实实地扮演着一个职场上班族的角色。不知道你有没有听说过“公关狗”这个词。没错，做公关的人都会累成狗，我每天都处于非常忙碌的状态。因为当时跟的活动比较多，所以我还需要经常去其他城市出差，出差的时候就会更累一些，每天都要夜里一两点钟才睡的。

这种工作状态持续了几年的时间，说实话在这个行业里我还是收获了一些价值感的，但是在我的心底还是会感到空虚迷茫。很多次我坐在挤满人的地铁上都在想：我到底为什么而忙碌？因为想让家人过得更好吗？但是因为工作繁忙，我已经很久都没有回家陪伴妈妈了。身体状况因为长期熬夜也不是很好，而且我还有很多感兴趣的事情没有时间去尝试。5年以后，难道我还在重复着现在的生活吗？这些问题总在我脑海中飘来飘去，但在那个时候也只是想想而已。

直到2016年年底，我听了邹小强的“喜课”了解到一个九宫格的模型，于是，我就在一页纸上通过这个模型将自己的愿景和目标视觉化了出来。那是我第一次认真而全面地思考人生各方面的规划，那天我用了两个多小时的时间去写写画画，把自己想成为的样子梳理了出来。

结果神奇的事情发生了，填在格子里的愿望在2017年一个又一个地实现。我通过学习时间管理提高了工作效率，将省下来的时间用于发展自己的兴趣爱好。我开始进行视觉化输出，并尝试在各大平台坚持写作和分享，文章获得了上百万人的阅读。重要的是，我在一个合适的时间，转行进入了自己更加适合的职业赛道中。

当我们搞清楚方向，在潜意识里就会时时刻刻都想要把自己写下的目标实现，以至于激发出强大的行动力。这也非常符合吸引力法则。不是有一句话吗？如果你知道自己要去哪儿，全世界都会为你让路。所以将愿景目标视觉化是每个人都应该做的事情，它能够帮你理清现状，看到未来。

你现在也对现状感到迷茫吗？工作生活的很多问题纠缠在一起想不清楚？想要改变又不知道如何开始？那下面就让我们用一页纸来厘清思路，明确愿景吧。

【解决问题】梳理个人愿景目标

【思考解读】面对梳理个人职场发展目标的问题，我们不应该单独来规划，因为工作的问题通常和家庭、成长、健康、财务等问题交错在一起，不能割裂开来。

所以在做职场愿景目标规划时，我们应该站在更高的上帝视角去审视自己，这样才能使工作和生活达到一个平衡状态，从而获得真正幸福的人生。

在这里选择九宫格作为视觉框架来解决这个问题，将我们在工作、生活、成长等各方面的愿景目标一起梳理出来。

【视觉框架】

【操作过程】

1. 首先准备好工具

画图用的一张白纸、一支针管勾线笔、几支马克笔。如果你现在手边就有纸和笔的话，那就可以跟我一起画了。

2. 在一页纸上画出一个大大的方格，然后把它平均分成九个格子

3. 填写主题及二级标题

写上大标题，在中间的格子中画出自己的头像或写下愿景格言来激励自己。在其他的八个方格中分别填写我们需要平衡的八个方面：工作事业、家庭生活、学习成长、体验突破、休闲放松、身体健康、财务理财、人际社群。只有以上八个方面达到平衡，我们才能真正获得幸福。

具体解释一下这八个方面的问题：

工作事业：你正在从事的工作是什么？你在职业发展上有什么目标？如果你觉得现在的工作并不是自己想从事的，那么你想要更换到什么行业？人往往很容易知道自己不想要什么，却很难知道自己究竟想要什么，填写这个格子就逼迫你把职业发展的问题想清楚，才能走在正确的职业道路上。否则在错误的职业赛道上跑了半天，却并不是自己想要的，就会做很多无用功。

学习成长：想要学习什么新的知识或者技能？比如时间管理、画画、写作等。很多人在规划职业发展目标时，都说要做自己喜欢的事情。但现实是，我们喜欢的事情并不能马上成为我们的职业。比如，我心里一直喜欢绘画，但是绘画成为不了我的职业，直到我接触视觉化思维找到了绘画与工作之间的契合点，又通过学习把视觉呈现变成自身的一项技能，才可以转行做自己喜欢的事情。

体验突破：指的是那些之前一直想做，但是没有机会或勇气去做的事情，一般是对自己来说很有挑战的事情。

家庭生活：通过什么行动能够与家庭成员达成更好的关系，比如父母、子女、爱人等。如果你已经很久都没有回家看父母，也没有跟父母通过电话了，那就要在这个格子里去做相应的规划。

休闲放松：用什么方式来调节压力，放松自我？毕竟我们的生活中不能只有工作和学习，也需要休息。

身体健康：保持身体健康方面的计划，比如饮食搭配、减肥、健身等。

财务理财：个人财务、投资、理财方面的目标。大多数人工作的目的，是赚更多的钱，所以大家都希望自己能不断地涨工资，有更多的收入。但实际上很多时候尽管收入多了，人们却花了更多的钱去买房子、车子等，负债累累，这样并不会提高生活幸福感。所以理财是每个职场人士都应该重视的问题，不管你现在的工资是多是少，都应该开始养成良好的理财习惯。

人际社群：人脉资源，与朋友、社群伙伴之间的关系。

以上八个维度是构造我们幸福生活最重要的八个方面，这就像给生活搭配了一个营养套餐，主食、肉类、蛋类、蔬菜、水果都不能缺少。

4. 思考各方面的愿景

了解了八个方面是什么，你就要静下心仔细思考一下了，在这八个主题下，你分别有什么想要实现的目标呢？可能刚开始你会觉得想不清楚，比如你实在不知道怎样去制定一个适合自己的职业发展目标，那这时请你把思考的时间维度扩大，想象一下如果是5年以后的你，希望自己是什么样子？你当时做着什么样的工作？过着什么样的生活？身体健康情况如何？一旦把时间维度拉长，就能够看到你心底最想成为的样子了，而那就是你的真实愿景。不要考虑能不能实现，想到了就把它们对号入座地列到格子中去。

比如，我当时希望5年后的自己能够出书，虽然这个愿望对于那时的我来说遥不可及，但我还是把它填在了体验突破的格子里，而这个愿望现在已经实现了。

在填写格子的过程中，你也许还会遇到这样的问题，有的格子一下子能写好几条，但是有的格子却空空如也，什么也没写。

如果出现这样的情况你就要注意了，你的生活正处于不均衡的状态。我曾经用这个九宫格法给我的朋友小齐做过一次愿景梳理，他当时事业蒸蒸日上，但是依然感觉自己不快乐。

在填写九宫格的时候，他把工作事业的格子里填得满满的，但是家庭生活的格子里却什么都没有填，我很快便发现了问题。他也承认希望自己这几年能在事业上有更好的发展，但因为工作忙碌，他已经很长一段时间没有陪伴妻子和孩子过周末了，因此家庭中出现过多次争吵，只是他一直都没有面对这个问题。

我建议小齐在家庭生活一栏内至少写上一条，比如无论再忙每周都要陪伴家人一天，以此来让生活达到平衡的状态。这样表面上小齐可能每周会损失掉一天工作的时间，但是他会因为家庭和睦，生活达到了平衡而拥有更充沛的精力，工作也会更加高效。

还有些年轻人会觉得自己现在身体很棒，健康的格子没什么好填的。其实不然，人总有变老的一天，如果你现在不重视，健康问题迟早会在以后人生的某个节点找到你。我自己就是个例子，年轻的时候总是因为工作熬夜，还总是用不正确的坐姿去看电脑，那个时候是感觉不到的。但在几年以后颈椎病就找上门来了，现在只要稍微坐下来时间长一点就会感觉脖子很疼，集中不了精力，我因此需要更长的时间去修复，甚至可能根本就恢复不到原来的状态。如果我在当时就注意调节自己的身体，就不会出现这种情况了。

健康其实是这八个方面中最重要的一个，拥有一个健康的身体是我们幸福生活、快乐工作的基础。即使现阶段没什么问题，也要为自己合理规划，比如少熬夜、每周做适当的运动等。

通过填写这个人生九宫格，你就能很快发现自己是不是忽略了对某些方面的关注，从而让自己的工作、生活达到一个平衡的状态。填写九宫格一定要遵守以下两个原则。

- 为了达到工作、生活各方面的平衡，所有的格子都不得为空，至少填写一项内容。
- 每个格子里也不要填写过多的内容，最多写三个目标就可以了，因为目标太多不太好实现。

5. 适当添加图形

在思考愿景的过程中，不要忘记文字图形的转化。你可以根据工作事业、家庭生活等八大方面表达的重点信息去展开图像联想。比如工作事业，就很容易联想到我们工作时用的电脑。总之就是用之前我们学过的联想法去联想相关的图像。然后把联想到的图形添加到格子当中，配合这些图像，能让我们和自己的愿景产生更多的情感联结。

至此，一个简单的人生九宫格就画好了。利用一页纸画出人生九宫格模型的过程，倾注了我们左脑的逻辑思考和右脑的创造思维能力。我们对未来进行了一次深入的思考，解决了迷茫和定位不清晰的问题。

如果你对自己的职场现状和未来也感到迷茫，那就请用一页纸画出一个属于自己的人生九宫格吧。

【进阶加餐——用一页纸梳理个人愿景目标】

刚刚我们一起用一页纸工作法梳理出了自己的人生九宫格，如果你想让你的九宫格呈现出更丰富的画面，就可以再进一步思考一下，如何运用隐喻来呈现一个大画面，给这个承载着愿景的九宫格赋予更多的价值和意义。

下面我们就来个加餐，聊一聊如何运用隐喻赋予画面更大的视觉冲击力。当你对信息可视化越来越熟悉以后，可以多尝试通过隐喻的画法，赋予更多的情感在自己的输出物中。

那么我是如何为这个人生九宫格考虑大画面的呢？首先在画之前我先静下来思考了一下：在现实生活中有什么物体既包含九个格子，又富有愿景、未知的含义呢？

这时候，在我的脑海中闪现了一个魔方的画面，魔方的一面有九个格子，正好用来画我的九宫格。而魔方的其他面，就象征着未知与无限的可能性。于是我就定下来把九宫格画成魔方的样子。

接下来就是按照之前讲过的步骤，将所有的文字、图像，放到这个隐喻当中就好了。我的呈现顺序是这样的：

1. 主标题

写出主标题，主标题一定要写得最大最显眼。

2. 画出整体的隐喻图像

把想到的魔方隐喻画出来，突出魔方最前面的九宫格。隐喻图形可以画得精致一些，其他部分的图形就可以简略地表现。精致体现在将外轮廓加粗，格子上用细线添加一些细节和阴影效果。

3. 填充内容

按照刚刚做简版九宫格的步骤，将自己构想的内容一项一项地填充到魔方的方格中去。

4. 上颜色

使用提前搭配好的颜色上色，我在这里用到的是橙色、黄色、蓝色，可以给人一种充满希望和活力的感觉。

至此，一个魔方隐喻的人生九宫格就画出来了。这个魔方更加立体地展现出了我在各方面的愿景，也象征着未来的人生有无限多的可能性。这样一个精美的画面，把它贴在自己随时可以看到的地方，更能够激发将梦想实现的动力。

当然我和你联想到的画面可能会不一样，我想到的隐喻是魔方，你想到的隐喻也许是一个代表人生的棋盘或是其他的什么。我在这里只是叙述一个思考方式，你要将你自己联想到的画面呈现出来，才能更有助于实现愿景。

如果实在想不到合适的隐喻，也不要为难自己，之前我们的那种简单的呈现方式就很棒。别忘了我们用一页纸工作法的初衷，是更好地解决问题，所以得出对自己有帮助的答案才是最重要的，画得好不好看并不重要。用简单的画面依然可以达到梳理内心、解决问题的效果。

二　用一页纸明确职场目标

刚刚学会了用一页纸梳理出自己各方面的愿景目标，我们看到了想要的未来，厘清了自己的人生和职业发展方向。

但是这些愿景目标现在只是一个人生的大方向，对我们来说还是遥不可及的，当我们要正式开始执行时，就需要把愿景转化为明确而具体的目标。比如“我要减肥”。这是一个很好的愿望，却不是一个明确而具体的目标，用什么方式减肥？用多长时间？减掉多少斤？这些问题都没有考虑清楚，执行起来就很容易失败。

为什么明确而具体的目标就更容易实现呢？给你讲一个心理学家的实验故事就知道了。

心理学家做过这样的一个实验：他组织了三组人，让他们分别向着10公里以外的三个村子进发。

第一组的人既不知道村庄的名字，也不知道路程有多远，只告诉他们跟着向导走就是了。刚走出两三公里，就开始有人叫苦。走到一半的时候，有人几乎愤怒了，他们抱怨着为什么要走这么远，何时才能走到头，有人甚至坐到路边不愿意走了。越往后走，第一组人的情绪就越低落。

第二组的人知道村庄的名字和路程有多远，但路边没有里程碑，只能凭经验来估计行程的时间和距离。走到一半的时候，大多数人想知道已经走了多远，比较有经验的人说："大概走了一半的路程。"于是，大家又簇拥着继续向前走。当走到全程四分之三的时候，大家情绪开始低落，觉得疲惫不堪，而路程似乎还有很长。当有人说："快到了！"大家又振作起来，加快了行进的步伐。

第三组的人不仅知道村子的名字和路程有多远，而且公路旁每一公里就有一块里程碑。人们边走边看里程碑，每缩短一公里大家便有一小阵的快乐。行进中他们用歌声和笑声来消除疲劳，情绪一直很高涨，所以很快就到达了目的地。

这个实验告诉我们：当人们的行动有明确而具体的目标，并能清楚地知道自己现在的行动与目标之间的距离时，行动的动机就会得到维持和加强，人们就会自觉地克服一切困难，努力达到目标。

所以在开始实现职场的愿景目标前，要先把愿景或抽象的目标转化为明确而具体的目标，才能更好地将之实现。

想要做到这一点，光凭脑子想肯定是不行的，我们可以用一页纸来做目标管理，将目标细化拆解的过程视觉化出来，让自己看到实现目标的各个里程碑。

下面就以工作事业方面的愿景"我要升职为项目经理"举例，看看如何把它转化为一个更好实现的目标。

【解决问题】让目标变得明确而具体

【思考解读】

有一个关于目标制定的经典思维模型：SMART 原则。它本来是企业为了提高员工的竞争力，使员工更加高效工作的一种工具，但是现在越来越多的人把它用于自我目标的管理当中。

如果要做目标管理，肯定首选 SMART 原则作为框架。我们不仅可以用 SMART 原则规范职场目标，还可以用它来规范人生九宫格中各个板块的目标。

SMART 由5个英文字母组成，它们分别是5个英文单词的首字母：

Specific，目标是具体的，而非模糊的。

Measurable，目标是可衡量的。

Attainable，目标是可达到的，而非不切实际的。

Relevant，目标是和其他目标相关的。

Time-Bound，目标必须有明确的时间底线。

通过 SMART 原则的过滤，我们就可以得到一个具体而明确的目标了。

【视觉框架】

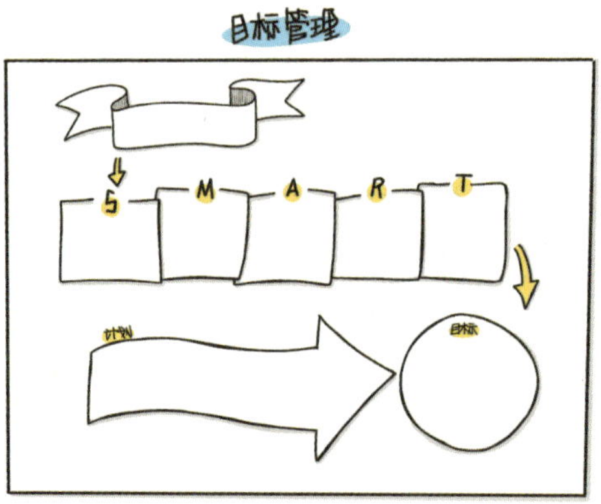

【操作过程】

1. 准备好画图用的纸和笔

2. 写出待转化的愿景目标

在纸的最上方写上要转化的愿景："升职为项目经理"，然后用一个飘带图形把它框起来。

3. 画出5个图形框

在标题下方画出5个大小差不多的图形框，分别写上 S、M、A、R、T 作为二级标题，代表 SMART 原则的五条基本原则。

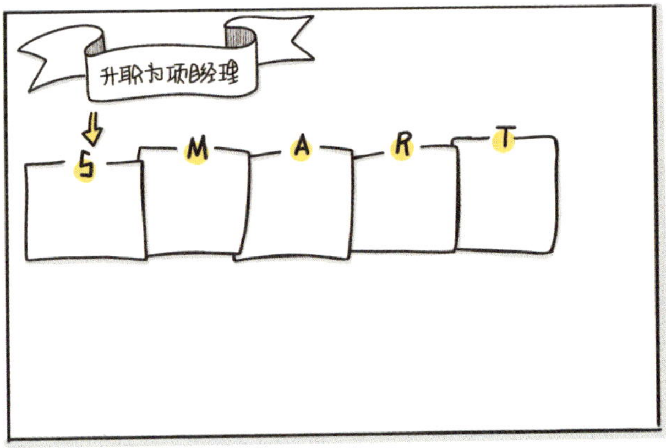

4. 按照 S—M—A—R—T 的顺序，在图形框里对愿景进行转化评估

■ S—目标是具体的

升职为项目经理这个目标并不具体，我们要清楚地描述出要达成的行为标准。针对这个案例来说，你可以想想，通过什么具体的方法可以升职，公司设置的项目经理的岗位又是不是有明确的岗位标准？

比如有的公司规定个人销售额必须达到一定的业绩数据才可升职为项目经理，那我们就可以将“升职为项目经理”的愿景，转化为通过提高销售额的方式升职为项目经理。

■ M—目标是可衡量的

目标是可衡量的意思是目标要量化，应该有明确的数据作为衡量是否达成目标的依据。

在这里我们就要明确销售额要达到的数字是多少了，如果公司有明确的标准就比较好办，比如3个月累计销售额达到10万元就可以提升为项目经理。那我们就可以把“升职为项目经理”的愿景转化为：通过将3个月的累计销售额达到10万元的方式，升职为项目经理。

如果公司没有明确的标准，也不用担心，可以看看你的公司里已经达到项目经理职位的同事平时都在做什么，他们的工作内容和业绩指标是什么。从现在开始，以他们的工作标准来要求自己。

■ A—目标是可达成的

思考一下，实现3个月10万元的业绩目标是否可达成？可以以自己现在业绩的完成量作为参考。假如你现在的销售业绩为3个月1万元，要想实现10万元的目标就需要完成现在的10倍，那几乎就是不可能的。

目标不能制定得过高，否则就实现不了。我们可以制定跳起来“摘桃”的目标，不能制定跳起来“摘星星”的目标。

■ R—目标是和其他目标相关的

我们制定的目标要与其他目标相关。得到项目经理的职位，薪资水平也会有一定提高，而涨薪又是每个职场人士都在追求的目标，证明这个升职的目标和其他目标是相关的。

■ T—目标必须有明确的时间底线

要给目标规定一个完成的时间期限，刚刚我们在目标可衡量的阶段其实已经定出了时限，就是3个月。

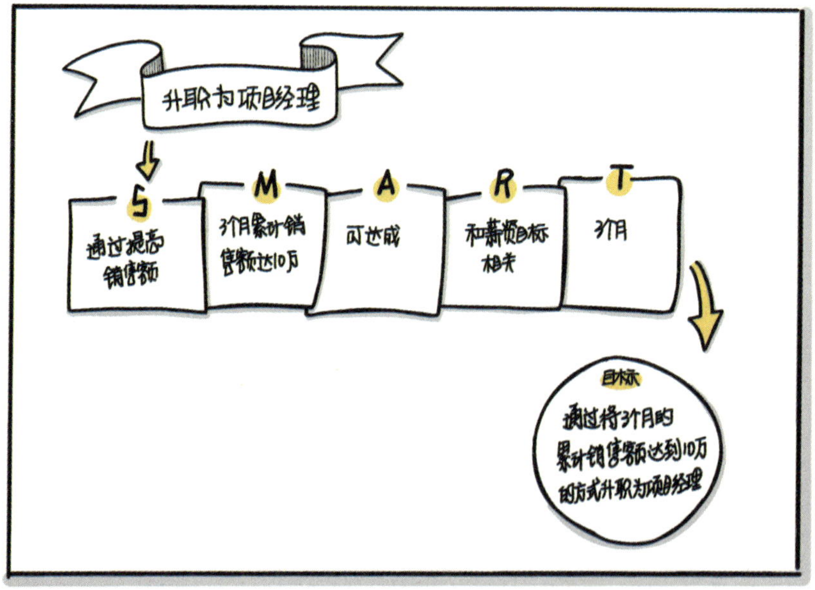

经过 SMART 原则的评估，“我要升职为项目经理”的愿景，就转化成：通过将3个月的累计销售额达到10万元的方式，升职为项目经理。原本那个遥不可及的职场愿景，现在已经变成一个明确而具体的目标了。

5. 列出行动计划

接下来我们可以进一步将目标拆解，规划好达成目标的里程碑。如果要做到3个月累计销售额达到10万元，那么每个月的销售额就要达到3.4万元，可以通过拜访10个新客户，回访5个老客户的方式达成。如果用这种方法继续细化下去，还可以定出每周、每日需要完成的目标。

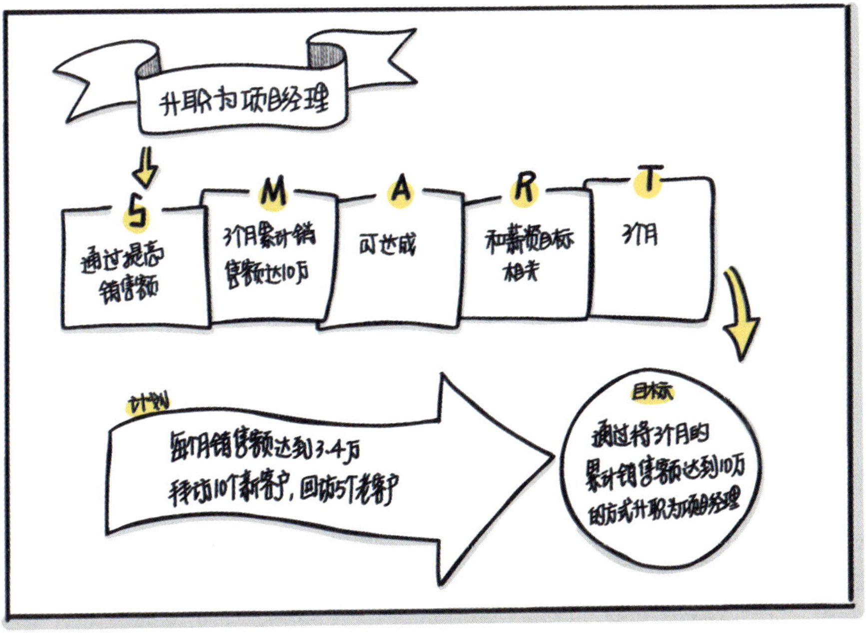

就这样通过一页纸的呈现，我们现在已经得到了实现目标的行动计划，大大增加了目标达成的概率。

6. 一页纸目标管理法的作用

一页纸目标管理法的第一个作用，是上面讲到的帮助自己梳理达成职场目标的行动计划。它的第二个作用是规范工作中的具体任务，使职场沟通更为顺畅。

我们工作中的大部分问题，其实都是因为人与人的目标不一致以及信息不对称造成的。你可能遭遇过这样的情况，你的领导一大早就跑到你身边，丢下一句“快给我汇总一份客户信息表”，然后就去忙别的事了。于是你马上开始做领导交代的任务，在1个小时后通过邮件把汇总好的信息表提交给了领导，心里还挺美的。

但是，没想到领导把你叫进办公室就是一顿臭骂：“我刚才不是跟你说得很清楚了？为什么你交过来的信息表中重要的数据没有体现！你是不是最近的工作态度有问题啊？”

这时候你心里肯定很委屈：领导只是说要一份客户信息表，也没具体说要什么数据，明明是很认真完成的工作，却被说成一文不值，太没有道理了。

出现这样的问题最大的原因，就是你和领导对任务的理解不一致。领导交代任务的时候就是模棱两可，没有把目标说清楚。而你在执行任务之前也没有跟领导就客户信息表需要呈现哪些数据进行核对，就按照自己的理解去做了，这才造成了误会。回想一下工作中的很多问题是不是都是这样形成的呢？

作为领导，在分配任务前可以先通过一页纸目标管理法梳理清楚自己的目标：都需要客户的哪些数据，以什么形式呈现，需要下属什么时间完成。梳理过后下达给员工一个清晰、明确的指令。

作为下属，在执行任务前，也可以通过一页纸目标管理法梳理任务，如果觉得有些地方模棱两可，那就要积极地去跟领导沟通，就能避免自己做很多无用功。

当然最省时间的方法是双方一边沟通一边用一页纸将目标呈现出来，这样你们就可以快速就目标达成共识了。关于一页纸工作法在职场沟通中的应用，后面也会有专门的章节进行讲解。

第二节　方案、文案的构思及撰写

你是不是曾经因为写方案头疼烦恼过？又是不是因为写文案熬夜通宵没睡过觉？

相信此刻的你已经在默默点头了。

在所有工作中，最有挑战的工作就是需要大脑去创意、思考的工作，像刚才提到的写策划案、文案、演讲稿等都属于极其费脑子的活儿。但是企业中往往又特别需要会策划、懂创意、能写作的人。

不知道你平时是怎么写策划案和文案的，很多新手都是一边想一边写，想到什么就写什么，这样写东西不仅慢，还没有系统性和逻辑性。其实不管是写方案还是文案都应该分成两步，先构思整体框架，然后再动手写，这样效率反而会更高一些。只有一开始把逻辑“骨架”想清楚了，才能保证写出来的内容紧扣主题。

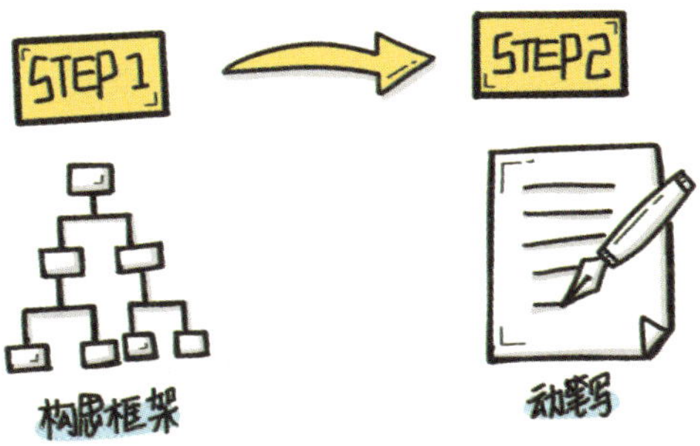

根据以上的两个步骤，下面我会介绍两种构思框架的方法和一种一页纸策划案的呈现方法。

一　用一页纸构思演讲分享内容

在公司被邀请做分享是一个非常好的表现机会，能够在领导和同事面前展示自己的优势。

假如你的 Boss 跟你说："看你一直把视觉化的思维方式用到工作中，效果不错，有空的时候准备准备，下周在咱们公司做一场分享，让大家也学习一下。"

这么好的机会你肯定要马上答应下来，然后就要考虑了：我该如何呈现一场完美的分享呢？给大家分享哪些内容他们才会喜欢呢？

我现在就教你一种构思演讲、分享的好方法——一页纸便利贴法。

【解决问题】构思演讲、分享、培训的内容框架

【思考解读】

当我们在构思一场演讲或分享的时候，大脑中肯定会浮现出跟分享主题相关的很多想法，在这些想法中该讲哪个不该讲哪个？先讲哪个后讲哪个？哪些重点讲，哪些简略讲？这些问题真的很让人头疼。

所谓的一页纸便利贴法，实际上就是把头脑中的那些想法全部写在便利贴上，清空大脑，然后再把写好的便利贴分类整理，按照某种逻辑整合在一起，从而得到分享框架的方法。

【视觉框架】

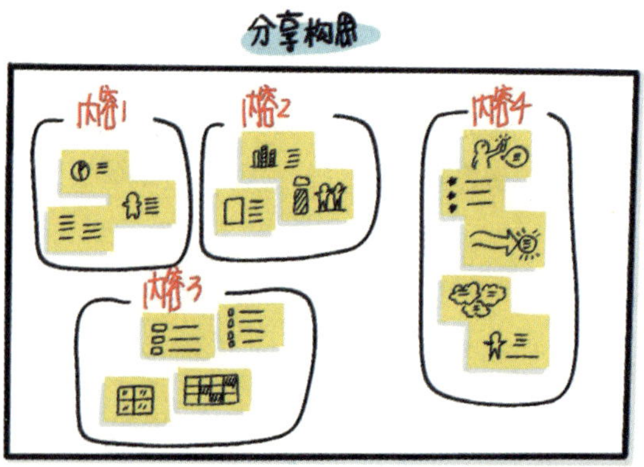

【操作过程】

1. 准备工具

一张很大的纸、一支签字笔、一些便利贴（大纸可以用白板或者一面墙来代替）。

2. 把所有的想法写在便利贴上

把脑子里想到的所有跟分享主题相关的关键词都用文字或者图像呈现在便利贴上，注意一张便利贴上只呈现一个关键信息。

比如视觉思维这个主题，你可能想到了“视觉思维的概念”“工具”“简单图形画法”等很多想要分享的内容。按照下面图中显示的这样，把它们全部在便利贴上写下来。

3. 将这些想法进行分类、整理

将同一类的信息贴在大纸的一个区域内，就这样大纸上形成了几个区域。每个区域的内容就是你这次分享的一个部分，可以归纳出这一部分的小标题。

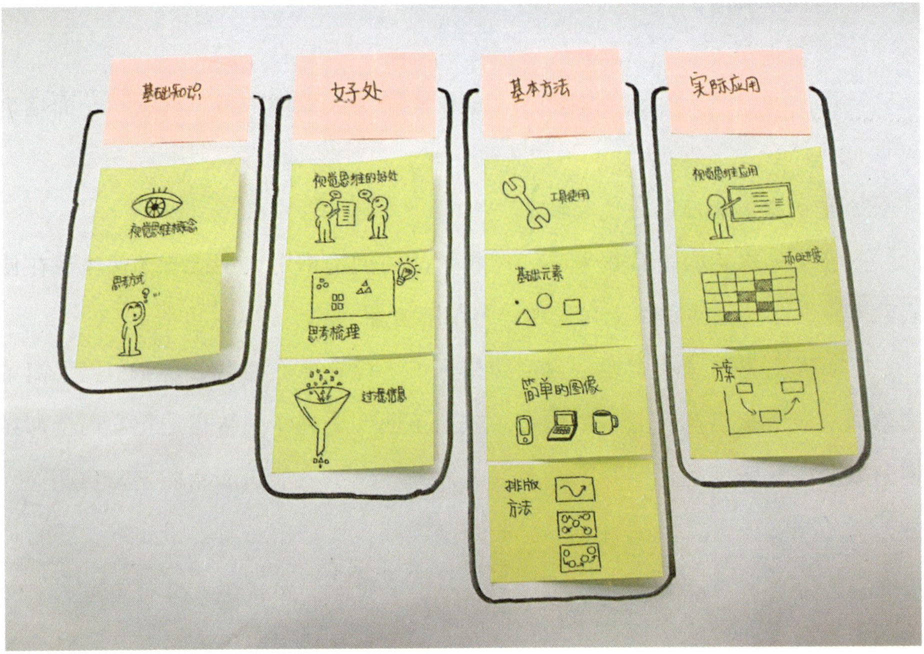

将这几个部分的信息按照某种思维模型或框架重新排序，规划好先讲哪一部分，后讲哪一部分。比如在这里我们就可以按照基础知识—视觉思维的好处—画图的基本方法—视觉思维应用的顺序去排列。

4. 调整修改

再从整体上浏览一下分享内容，看看有没有需要删除和增加的信息，把次要的内容进行删减，把跟听众息息相关的知识点进行细化填充。另外如果只讲概念和方法这种干货内容会让分享很枯燥，可以适当添加类比、案例、故事为分享增加“湿度”，让分享更有趣味性。

比如，在讲到视觉化思维的应用时，就可以分享一些自己用一页纸做策划案并得到客户认可的案例。讲一讲开始的时候是怎么思考的，过程中又是如何呈现的，以及用可视化的信息和客户沟通有什么跟原来不一样的地方，等等。这些内容更加贴近听众的实际工作，大家就会投入你的分享当中。把想到的每一个案例都写在便利贴上，贴到相应的区域内，让分享内容更加丰富。

经过以上的几个步骤，你面前的便利贴就形成了本次分享的大纲。这个方法看上去只是将几张便利贴挪来挪去而已，实际上却是一种轻松有效的可视化思考方式。过程中你就像玩乐高玩具一样，看到便利贴上的想法之间的关系，把它们按照自己的逻辑组织在一起构建出分享大纲。我们可以用这个方法构思自己的分享、演讲和培训课程的框架内容。

在这个应用中我们接触到了一个新的工具——便利贴。便利贴也是在一页纸工作法中经常会使用的工具，它可以让想法在纸上来回移动，让我们快速找到想法之间的最佳组合。在下一个关卡的视觉会议部分，你也会看到便利贴的身影。

二　用一页纸构思策划案的内容框架

构思策划案跟构思演讲分享的不同之处在于，构思策划案的过程经常需要头脑风暴，做一些富有创造性的思考。所以在构思策划案时，我经常会用思维导图这个视觉工具，帮助我发散思维，考虑方方面面的问题，联想到好的创意和点子。

思维导图又叫心智图，是表达发散性思维的有效图形工具，也是一种视觉思考的方法。它是由东尼·博赞先生发明的。思维导图通过文字、图画、线条、颜色，图文并茂地展示思考内容，能够帮我们梳理思路，发散思维，连接不同的 idea，从而促进思考与创新。它的外观就是视觉框架中的放射型结构，由中心向四周发散分支。

我是从2016年才开始将思维导图运用在自己的工作中的，当时就是用它来构思方案或文章的框架结构。当我写东西不知道从何下笔的时候，就把主题画在纸的中央，然后用思维导图不断向外发散思考，慢慢地，方案的框架就在纸上呈现出来了。

下面我们就以活动策划案为例，一起看看如何在一页纸上用思维导图的形式搭建活动方案的内容框架。

【解决问题】整理思路，构思活动策划案

【思考解读】

我们在构思一场活动的时候首先要明白一件事：不管是线上活动还是线下活动，都不应该是为了做活动而做活动。有些人连活动目的都没有搞清楚，就开始写活动流程了。这样即使活动做得再好，也形成不了价值。

假如客户的需求是为企业的公众号引流，增加关注度，这时候，如果你做了一场活动，现场效果很好，最后却没有形成很好的传播，也没有给公众号带来多少流量，这就不算是策划了一场成功的活动。

一个好的活动策划要通盘考虑活动目的、预算、资源、人员、活动效果、传播路径等各方面的问题，然后把它们有机地整合在一起，力求做到最小投入和最大的产出。

那么，我们如何把所有的事情都考虑周全呢？可以运用5W2H 分析法这个思维模型。

5W2H分析法被广泛地应用在项目策划中，可以保证方案策划的系统性和全面性。我们现在就可以用思维导图作为我们的视觉框架，用5W2H分析法来充当思维导图的思考主干，然后再根据每条主干进行进一步的发散思考。

【视觉框架】

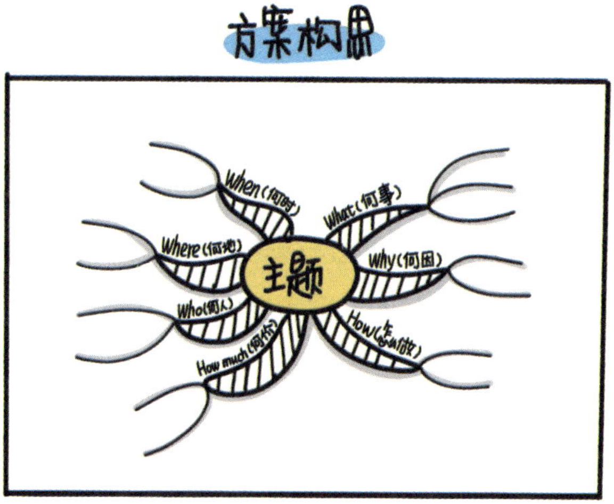

【操作过程】

在这里我要通过一个具体的活动策划案例来边说明思维导图的画法，边讲解构思活动策划案的过程。案例如下：

一个连锁咖啡厅新推出了3款缤纷夏日新品，需要搞一个活动来推广新品，我们现在要做的就是这个夏日新品的推广活动策划案。

1. 工具准备

准备一张A4大小的白纸、黑色签字笔或勾线笔、马克笔。

2. 画出中央图像——活动主题

将白纸横着使用，在纸的中央写上主题并画出中央图像，中央图像最好可以使用3种或更多颜色，色彩会增强我们的联想能力和创造力。

我们现在就在纸的中心画一个夏日新品的造型作为中央图像，然后在图像的下面写上活动主题：夏日新品推广。

（画出中央图像）

（添加主干）

3. 添加主干——5W2H 的7条主干

有了中央图像就可以向外发散联想了，一般在画思维导图的时候，我们的大脑会由中心的主题联想到不同的层级，然后再根据这个层级画出主干和分支。主干要比分支画得粗一些，而且每一条主干和它下面的分支的颜色是相同的。

我们现在就可以由“夏日新品推广”的中心图形向外发散出7条主干，它们分别是 what、why、where、when、who、how much、how。

4. 发散分支，添加关键词——在主干下展开联想

在主干下继续展开联想向外发散分支，并在每个分支上添加自己思考或联想到的关键词和图形，文字和图形同时使用可以最大限度地发挥我们左、右脑的协同作用。需要注意的是，在分支上添加的不是句子，而是我们提取出的重点关键词。

在这一步，我们就要分别针对策划案的7个主干向外展开联想和思考了，每个主题都可以尽情延长分支，想到什么就把关键词添加上去。

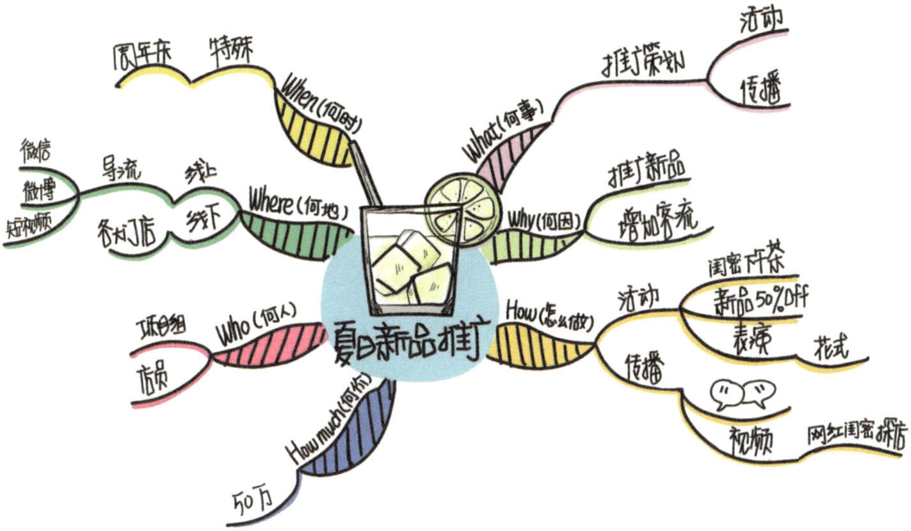

就像上图中显示的，在 how（怎么做）的主干下，我们想到了要搞一个“闺密下午茶”的活动来配合推广新品，活动当天，闺密两人同行到店，新品半价。还想到邀请一对网红闺密探店来增加传播的话题性，等等。至于 where（在哪里做）的主干下，想到线下活动在各大门店展开，线上可以用多个渠道来进行导流，比如微信、微博、短视频平台等。

在这个不断向外发散联想的过程中，你最好保持一种放松的状态，才能让思维肆意驰骋，产生更多的创意。随着不断地在图上画出分支，创意越来越多，我们对每一部分的规划也越来越细致，这个方案的框架就慢慢成形了。

有时你的脑子里可能会冒出一些奇怪的想法，不用急着否定自己，把这些想法先画下来。当你画完整张思维导图再去浏览时，你会发现有些毫不相干的想法居然可以联结到一起，碰撞出火花，这也许就是你要寻找的好点子。

5. 方案呈现

接下来你就可以将思维导图上的内容转化为 PPT 了。在转化时，并不是这张思维导图上所有的信息都能用得上，你要从导图中选择合适的内容来搭建方案框架，再把框架进行细化填充。当然除了 PPT，还有一种全新的方案呈现形式——一页纸的策划案，我们会在下一节中具体讲到。

以上就是在一页纸上用思维导图构思方案的全过程。有一点要说明的是，由于每个人的认知模式不同，做思维导图时发散出的关键词就不一样，所以别人有时会看不懂你做的思维导图，你也有可能看不懂别人做的思维导图。在这一点上完全不用纠结，因为思维导图做出来不是给别人看的，而是给自己看的。

也正因为思维导图是给自己看的，所以在实际的操作中我们可以“偷偷懒”。“偷懒”的意思不是说可以不好好画，而是为了提高效率不用把导图画得像上面那样尽善尽美。比如，我在时间紧急的情况下构思方案，画出来的就更有可能是单色的图，不管怎么样，只要在画图的过程能把自己本来杂乱的思绪梳理清楚就达到目的了。

这种思维导图不仅可以用来构思方案的框架结构，还能帮助我们梳理文章的框架结构。比如下面这张图是我在写一篇《如何高效写作》的文章前用思维导图搭建的文章框架。一篇文章其实只要有了“骨架”，下面“填肉”的工作就容易多了。

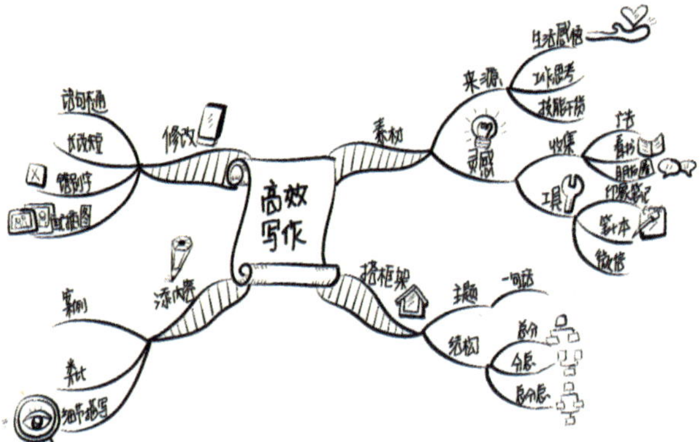

三　一页纸策划案的呈现方法

讲完了方案的框架构思部分，就要真正将策划案呈现出来了。不过说到写策划案肯定你脑中的第一反应就是做 PPT，其实我们还有更好的选择，先来听我给你讲个故事。

我的一个朋友，也是一名视觉思维的实践者，有一次他要到客户的公司参与一个非常重要的项目竞标。

那次参与竞标的公司一共有4家，朋友排在第3个。进入会议室的时候，别人都拿着电脑，只有他手里拿着一个卷起来的画卷。

轮到他的时候，他把画卷展开形成了一张大图贴在墙上开始做提案。此时负责听标的人已经连续听了其他两家公司的汇报，本来都有些疲惫了，但是，当他们看到展开的画卷时不禁眼前一亮。

我朋友从画纸的一端边做讲解边走向另一端，就这样用一页纸完成了这次竞标。最后客户提问的环节，他还用笔在图上写写画画，整个提案的过程氛围非常轻松。

最终，我朋友的公司竞标成功。比起很多页、冗长的PPT汇报，朋友的那一张大图让客户一眼就看到了全貌，留下了深刻的印象，取得了高分。这是一个使用了长2m、宽1m的一页纸策划案的成功案例。

所谓的一页纸策划案，就是将策划案的全部信息都呈现在一张纸上。我们上述案例中的策划案用的纸张有些大，是为了这个重要提案特殊设计的。平时的一页纸策划案只用A4大小的纸来呈现就可以。

你可能会担心，自己的领导或客户只认得用PPT做出的策划案，一页纸策划案会被当成玩笑。但由于互联网的高速发展，我们现在正处于信息过载的环境中，客户已经越来越没有耐心像过去那样听完冗长的PPT报告了。

使用PPT展示信息的最大问题是，它无法让人一下看到信息与信息之间的联系，听了后面，前面的内容差不多都忘光了。而且制作PPT需要耗费大量的时间，要搜资料、找模板、写文案、贴图，还要考虑整体的美观性，少则需要花费几小时的时间，多则需要几天的时间。

一页纸策划案是一种创新的表达方式，相对于传统的PPT来说制作方便、全局性强、结构清晰、重点突出，而且形式非常新颖，可以迅速吸引客户的眼球。如今在国内外已经有越来越多的可视化爱好者利用一页纸策划案去展示信息，并且取得了相当好的效果。我在前面也讲到过我自己曾经在时间紧急的情况下，用一页纸策划案搞定了客户，并因此脱颖而出，得到客户关注的经历。

我们下面就来看看，一页纸策划案的呈现方法。

【解决问题】制作策划案，让方案全局性强，更清晰易读

【思考解读】

也许你会觉得一页纸太小，装不下你想展示的信息。但这样才能逼着你舍弃那些没用的信息，只保留重点内容，并将它们结构化地呈现出来。

呈现策划案的视觉框架不是固定的，有时会选择放射型的结构，有时会选择模块型或路径型的结构，具体使用哪一种要根据你给客户展现的内容而定。我们通过选择适当的视觉框架将想传达的信息分成不同的模块，构建出清晰的逻辑结构，从而让客户眼前一亮。

【视觉框架】

【操作过程】

因为一页纸策划案的呈现形式比较多样，所以我们先来总结一下它的呈现逻辑。

第一步：构思方案的骨架。

写方案最忌讳的就是不管三七二十一，一上来就开始写，想到什么就写什么。一页纸策划案的第一步是先构思方案的骨架，我们可以用上一节学到的思维导图帮助我们梳理思路，构思出方案的框架结构。

第二步：选择匹配的视觉框架。

根据方案的主题和搭建好的框架内容，选择最匹配的视觉框架。用得比较多的是放射型结构、路径型结构和线型结构。

第三步：画在纸上并填充细节。

在纸上将方案框架呈现出来，然后针对每一部分的内容进行思考，做相应的细节填充。

下面举两个例子来进行具体的说明。

案例一：用一页纸呈现上一节我们用思维导图构思的夏日新品推广策划案

第一步：构思方案的骨架。

根据思维导图我们已经梳理出了这个策划案的骨架，包括what、why、where、when、who、how much、how七个方面的信息内容。

第二步：选择对应的视觉框架。

内容模块相对较多，可以直接选择思维导图所属的放射型视觉框架进行呈现。

第三步：画在纸上并填充“血肉”。

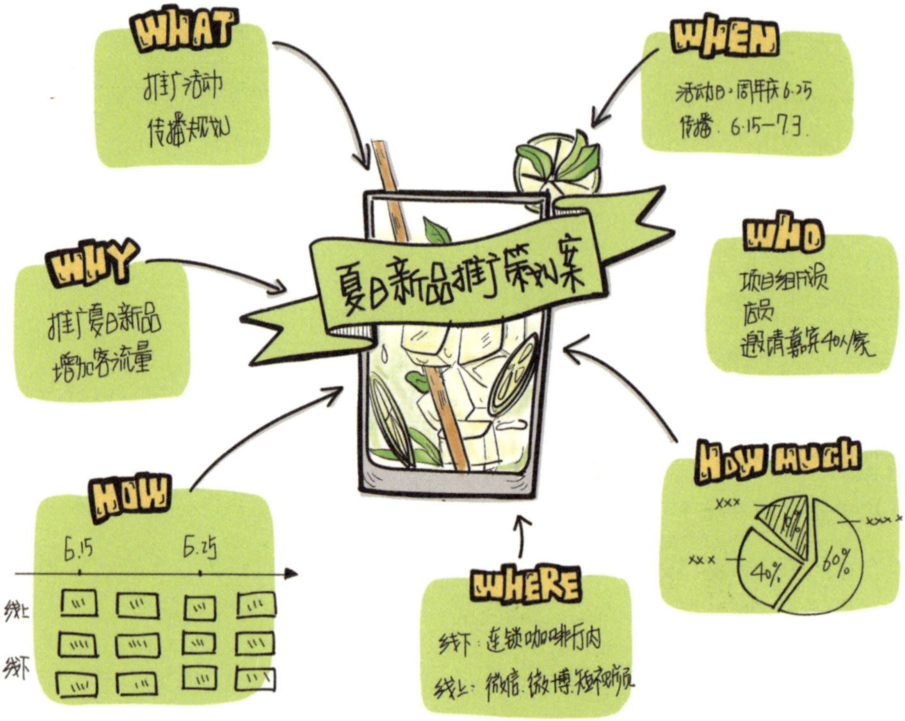

1. 根据放射型的视觉框架，在纸的中央画出策划案的主题。

2. 从中心向外放射出七个模块，模块与主题之间用箭头连接，让策划案的逻辑结构一目了然。

3. 根据之前构思好的内容，把信息有选择地填充到对应的区域中。涉及细节的部分，有时需要进一步思考和细化，可以利用图形或者图表来帮助呈现信息。

4. 整体方案的配色也是有讲究的，要选择和方案主题相匹配的颜色。比如这个策划案的主题是推广夏季的新款饮品，我们就可以选择代表夏天、清爽的颜色——绿色作为主色调，然后再配合使用一些相近的颜色，这样整体的视觉效果就会非常舒服。

案例二 :“闺密下午茶”活动信息策划案

第一步 : 构思方案的骨架。

撰写此方案是为了与客户沟通“闺密下午茶”活动的相关信息，包括四部分内容：

- 活动主题
- 活动概况（包括时间、地点、活动内容）
- 活动流程
- 需要筹备的事项

第二步：选择对应的视觉框架。

内容模块不多，可以使用模块型的视觉框架进行呈现，把主题画在上方，下面分别是活动概况、活动流程和筹备事项。

第三步：画在纸上并填充“血肉”。

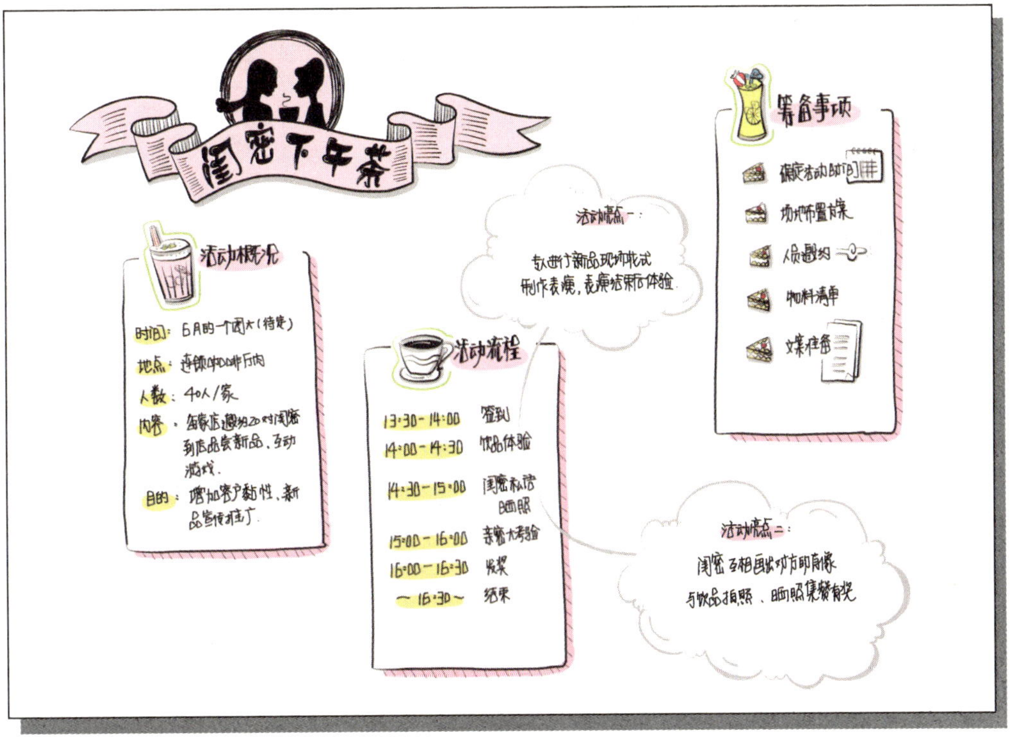

1. 在纸的左上角写上活动的大标题，配合“闺密下午茶”的主题，可以画一些和闺密、饮品相关的图形来烘托主题。

2. 在大标题下用图形框列出三个区块，分别写出二级标题：活动概况、活动流程、筹备事项，让策划案的逻辑结构一目了然。

3. 将策划好的信息内容分别填入几个图形框中。我们在这里用了两个云朵框来进一步阐述活动亮点。对于关键的信息内容，还可以用色块当作背景，起到强调的作用。

4. 用箭头充当引导线，注明阅读的顺序。最后再看看有没有要添加小图标和其他需要修饰的地方。

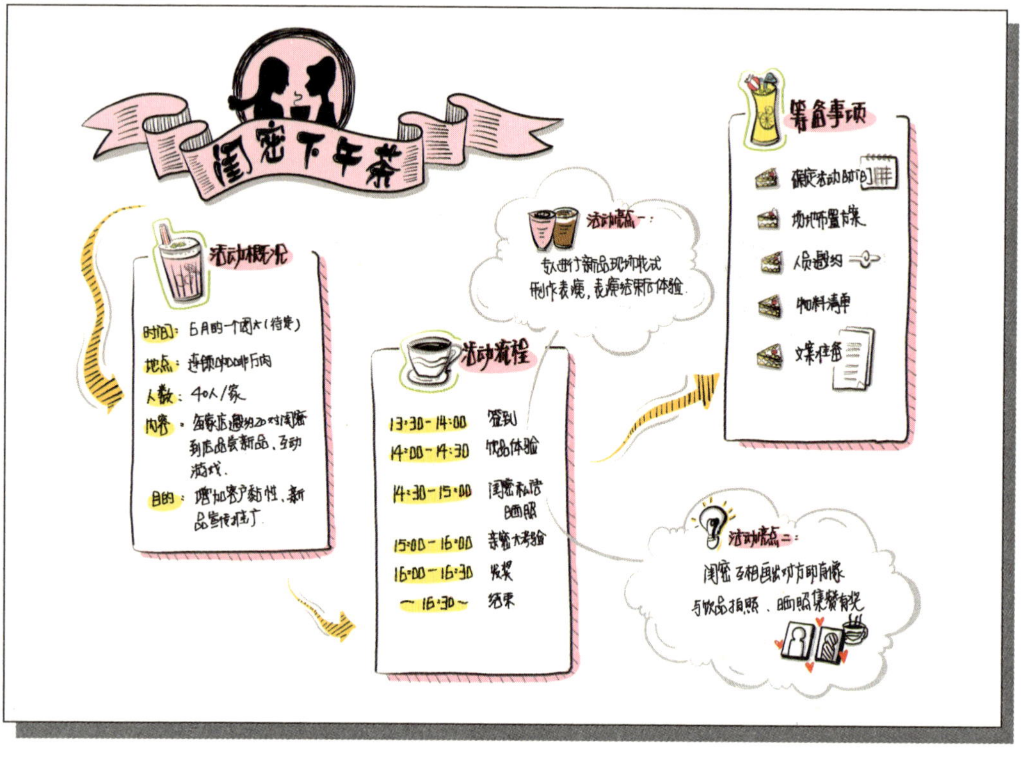

5. 配合“闺密下午茶”的主题，使用粉色作为策划案的主色调。

我在这里选择了两个比较简单的方案作为案例，在实际的操作过程中，也许你的方案会比这两个案例复杂，但万变不离其宗。先想好整体的视觉框架，搭建好整个方案的逻辑结构，最后把细化的信息内容填充进去。复杂的方案要呈现的模块会比较多，那你就多画出几个模块即可。

在画完一页纸策划案以后，我们还需要有一步扫描的工作，把纸质版的策划案转化成一张图片。

扫描的工作可以利用公司的扫描仪，也可以在手机上下载一个《扫描全能王》APP 进行扫描。这两种方法比较来说，利用手机软件扫描更为方便，一是不受地点的限制，可以随时随地将纸质信息转化成图片；二是扫描软件自带增亮、锐化等效果，生成的图片质量也很高。扫描完成后，我们只需通过邮件、微信、QQ 等沟通工具发送给客户查看即可。

你发现没有，其实一页纸策划案也无须画得非常精美，用的都是我们之前学过的基础图形，比如飘带、图形框、箭头，还有一些简单的小图标。它非常适合需要快速完成方案与客户沟通的场景。

在实际的应用中，你可能会面临要撰写各种主题的策划案，一定要根据不同的主题需求画出不同的风格。风格可以通过不同的视觉框架、颜色和图形进行构建。另外有些策划案需要在会议室里给多人展示，就可以像我开始提到的我的那位朋友那样，用工程用纸画一张很大的策划图出来，这些问题都可以根据实际情况灵活调整。

你的下一个策划案，不如就尝试用一页纸来呈现内容吧。

第三节　日常工作管理

一　用一页纸把控项目进度

对于一个项目经理来说，拿下了项目以后，就要开始进入执行阶段了。项目执行阶段的工作比策划阶段还要复杂，因为一个项目的执行往往是由很多板块组成的，板块和板块之间又存在着依赖关系。比如一个小型的线下活动，一旦进入执行阶段，就要考虑场地、物料、表演、人员邀请、活动宣传等诸多板块的规划。

那么很自然地，我们需要画一张图把这些板块都呈现出来，直观地看到各个板块之间的关系，规划好每个板块的时间进度，以求项目能够按照预期的时间顺利完成。

【解决问题】在项目管理时把控项目的时间和进度

【思考解读】

其实在项目管理中就有这么一种图——甘特图，用来显示特定项目中的活动顺序与持续时间，它是由甘特先生发明的。通过甘特图，我们可以站在更高的视角去观察项目的整体进度，防止项目滞后的问题发生。

甘特图可以说是项目管理中最直观、最有效的图了。它的横轴表示时间，纵轴表示项目中分板块的活动，线条表示执行期间计划与实际完成的情况。

所以在画甘特图前，我们先要明确整个项目的完成时间，然后再根据这个时间点来倒推出各板块的完成节点，给每个板块设置一些里程碑的活动。这个倒推的过程非常重要，需要我们根据之前的项目执行经验，再综合当前的实际情况得出。每个板块的完成时间估算得越准确越好。

【视觉框架】

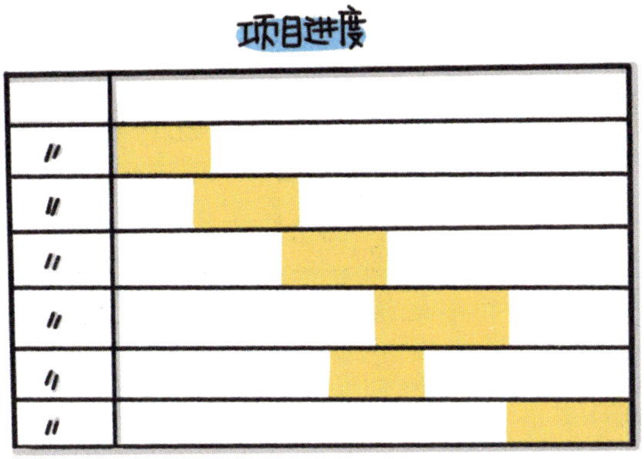

【操作过程】

我们拿前面提到过的“闺密下午茶”活动作为案例，为这个项目画出一张项目甘特图。

1. 工具准备

首先，准备好一张白纸、一支黑色勾线笔，还有几种不同颜色的马克笔。

2. 列出项目的基本信息

将白纸横着使用，在白纸横向的1/4处画一条横线，纵向的1/4处画一条竖线。在两条线相交部分的左上方列出项目的基本信息，包括项目名称和一些能体现项目信息的辅助图形。比如我在这里就画出了“闺密下午茶”活动的LOGO，并写明了项目名称。

3. 列出项目的各个分板块任务

在项目的基本信息下面，分成若干行，将思考后得出的分板块任务逐一列出来，一个板块占一行。

比如这个“闺密下午茶”活动，可以分成活动预算、邀请文案、活动邀约、物料采买、场地布置、活动传播六大板块，那我就一条一条地把它们列出来。

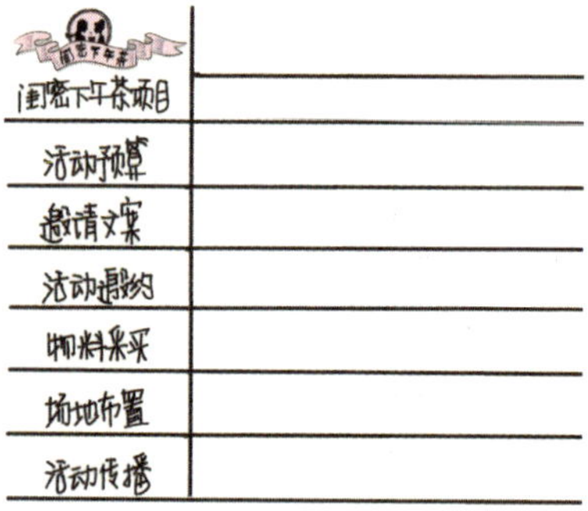

（列出项目的各个分板块任务）

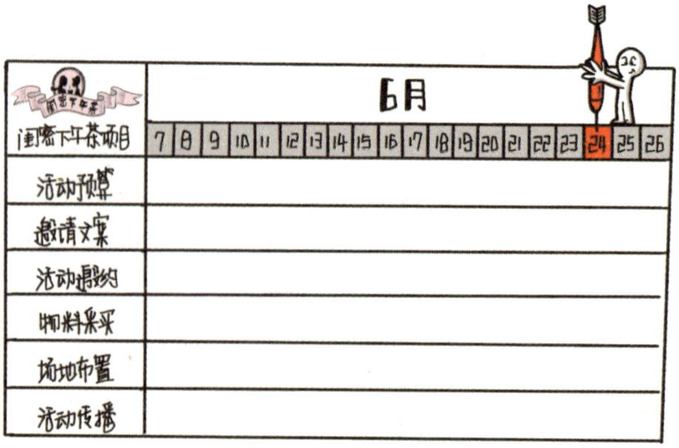

（列出项目的筹备周期）

4. 列出项目的筹备周期

画出从当前时间到活动执行日的时间列表，时间列表可以以周为单位也可以以日为单位，根据自己的需求来做。

这个“闺密下午茶”活动的筹备周期不是很长，从6月7日至6月24日总共只有两周多一点的时间，所以我们需要精细到每天的工作。把筹备日期呈现在表上以后，就可以把这个项目甘特图的外轮廓补充完整了。

因为6月24日为活动执行日，所以我就把24日的格子涂成了红色的背景，来提示自己所有的工作必须在这个日子之前全部做完。除此之外还可以在表中画一些图形来表达自己的想法，比如我画了一个小人，手里拿着一支飞镖正好插在了24日的红色格子上，突出这是活动的目标日期。

5. 画出进度条

接下来我们要根据活动执行日向前倒推，规划好每一个板块的完成周期和时间节点，然后用长方形将对应的时间区域填满，作为此项任务的进度条。这些进度条，能够很清晰地展现出每项任务需要在什么时间开始，什么时间结束。

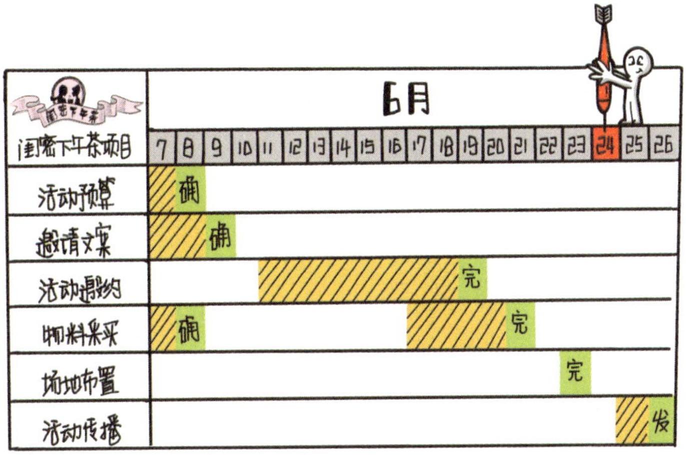

如上图所示，我们预计“邀请文案”的撰写时间是在6月7日至8日两天，那就要把“邀请文案”板块的这段时间区域画上一个长方形的框，并涂上橙色。活动预算需要在6月8日确认，就在8日的格子里涂上绿色来代表确认。

在画进度条的时候，还要注意各板块之间的制约关系。比如邀请文案板块的进度就制约着活动邀约板块，只有把邀请文案先做完才能开展活动的邀约工作，我们在画进度条的时候要整体把控，做好每一个板块的时间排期。

最后，你还可以为这些板块添加负责人，以确保每项工作都落实到人。

通过这个项目甘特图，我们不仅可以看出每个板块各自的时间周期，还可以看出板块与板块之间的关系。有些板块之间是并行的，就需要安排不同的人员来负责。有些板块之间是相互依赖的，就需要把控好前面的板块不要逾期，才能让后面的板块正常进行。

在项目的执行过程中，有时候实际上花费的时间会跟预计的时间有出入。比如之前规划完成一个任务只需要3天时间，但实际上却用了4天才完成。对照着这张项目推进图，我们就可以看到这项工作已经处于滞后的状态，提醒自己要尽快完成。

我们用这种方法不仅能呈现单个项目的推进情况，还可以画出多个项目的并行推进图。如果你在一段时期内手头上有多个项目并行，就可以像下图这样画出每个项目的时间周期，来提示自己各项目的时间节点以及项目之间的交错情况，以看清所有工作的全貌。

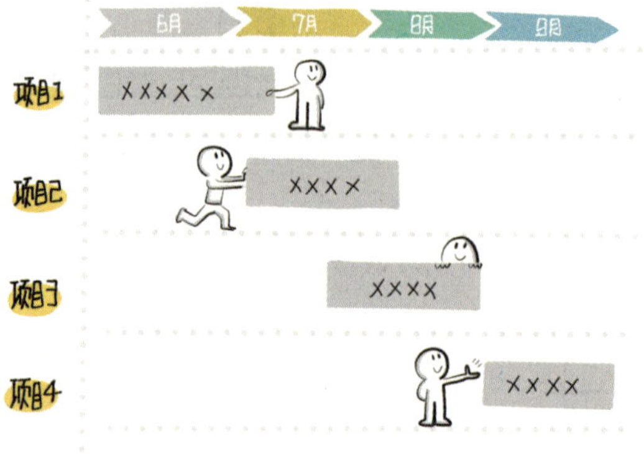

二　用一页纸将工作流程视觉化

不知道你有没有为自己的工作画流程图的习惯，流程图是一个非常好用的工具，可以展示一项工作自始至终的全过程。它的好处如下：

- 在很大程度上提高自己和他人的工作效率。
- 方便浏览，便于沟通。
- 减少工作疏漏，提高工作质量。

假如在你的工作中，有一项任务是“为活动招募的人员建群及进行群管理”。这个工作看上去很简单，貌似只要建个微信群把人拉进去就可以了，但实际上却并非如此，需要考虑很多相关的问题：在什么时间建群？建群以后发给大家什么介绍？活动以后这个群要怎么维护？等等。

如果每次都是想当然地去做这些事情，过程中就难免会有疏漏，工作效果也会不如人意。比如微信群早一天拉人晚一天拉人其实都是有讲究的，拉得太早会增加自己的工作量，太晚又会影响客户的体验感。所以想要每次都把这项工作做到90分以上，就要根据以往的工作经验画一张工作流程图，梳理出完成这项工作的顺序和步骤，再根据经验给每个步骤设定好达成的标准。

有了工作流程图，以后面临同样的问题就可以按照流程图的顺序和标准来做事。这样就减少了工作过程的思考时间，也防止了工作上的疏漏。

如果你以后不再负责这个工作，需要把这项工作交接给其他人，那到时候也不用多费口舌，只要把一张流程图交给对方看就可以了，接手你工作的人也会因为这张图而少走很多弯路。

说了这么多，下面就让我们一起看看怎么制作工作流程图吧。

【解决问题】制作工作流程图，提高工作质量和效率

【思考解读】

做流程图要先将事物的执行顺序及步骤梳理出来，然后画在纸上。

我们可以选择流程图的图形框架，用一些标准图形来代表固定类型的动作，比如用圆角矩形表示任务的“开始”，用矩形表示“行动方案”，用菱形表示“判断”，用箭头表示“工作流程的方向”。

【视觉框架】

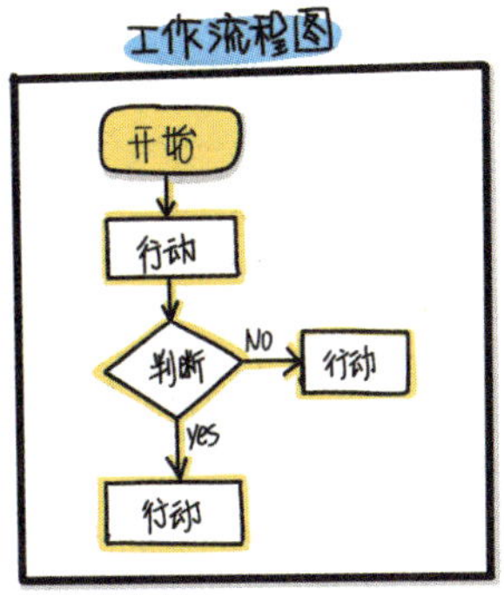

【操作过程】

1. 准备工具

一张白纸、一支黑色勾线笔、几种颜色的马克笔。

2. 梳理工作流程

画图之前我们要根据以往的经验梳理工作流程。比如这个“为活动招募到的人员建群及群管理”的工作，其实可以分为前期、中期、后期三个阶段的工作。前期需要准备一些群文件；中期需要拉人进群，发布相关文件；后期则要进行群成员的维护。

梳理的过程实际上就是把这项工作的每一个环节在自己的大脑中从头到尾

地预演一遍，不放过每一个细节。

3. 写出标题，用对应的图形画出流程图

用我们刚刚提到过的圆角矩形、矩形、菱形、箭头画出流程图，形式如下：

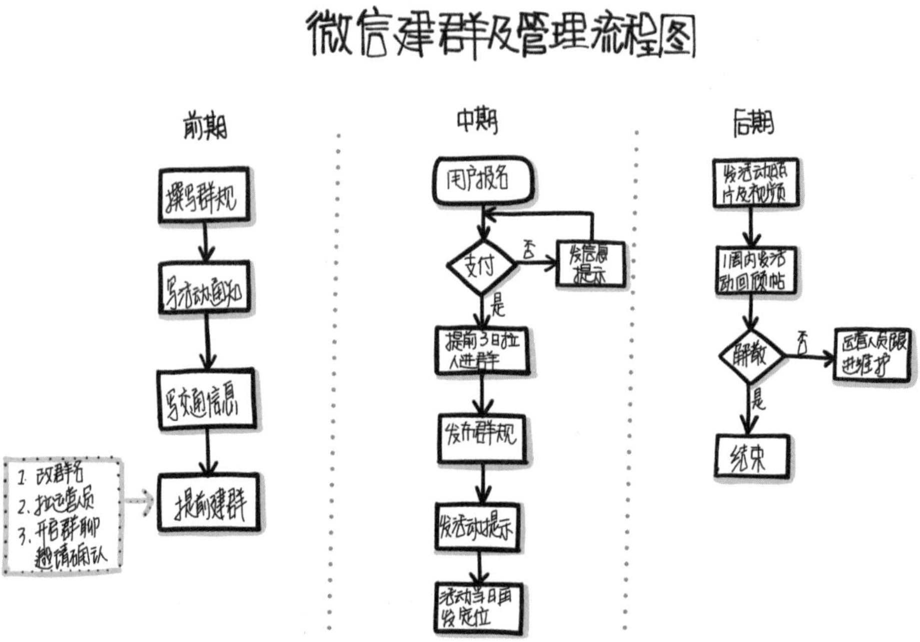

需要说明的是，在流程图中我们用菱形来代表判断，所以在菱形区域就会有“是”和“否”两个分支。比如在这个案例的中期部分，“支付”环节就是一个判断，“是”的分支代表用户支付了，那就进行下一步的拉群工作；“否”的分支代表用户没有支付，就要发信息进行提示。

4. 上颜色

如果你想让工作流程图更加醒目和易读，就要给它添加颜色，不同的区块可以选择不同的颜色填充，这样一张流程图就做好了。

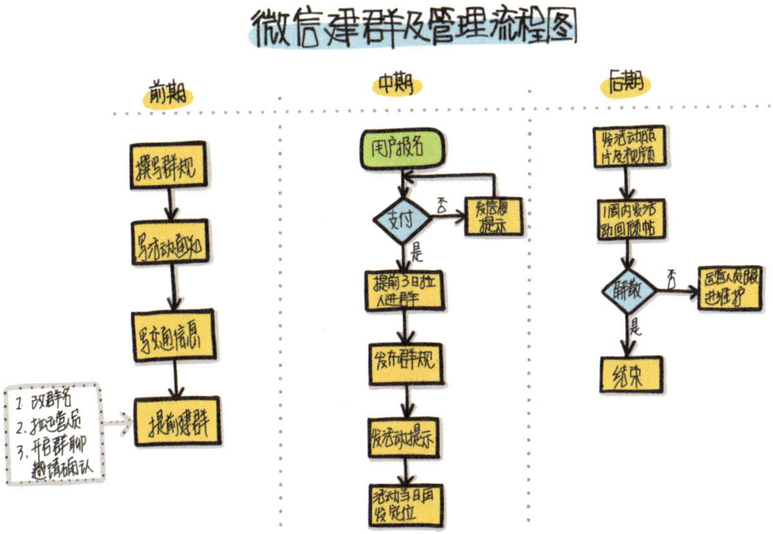

5. 优化流程图

优化流程图的本质是优化流程，当你按照流程图的顺序执行工作，但在执行过程中发现了缺陷或者更好的执行方案时，就要在原来的流程图基础上进行优化。只有不断地更新优化自己的工作流程，才能让工作效率越来越高。

你可以根据自己的工作职责做出不同的流程图，比如费用报销流程图、人员招聘流程图、项目归档流程图等，做好后就把它贴在办公室里，可以帮助你和同事提高工作效率。

除此之外，你还可以通过画流程图想清楚很多事情，比如为什么我们经常对某项技能感兴趣（如学吉他、学跳舞、学设计等），最后却总是不了了之呢？画一张图就可以解释了，因为学会一项技能也是分成了很多步骤，有些步骤我们可能根本没走到，或者没有坚持下去，那最后的结果只有不了了之。

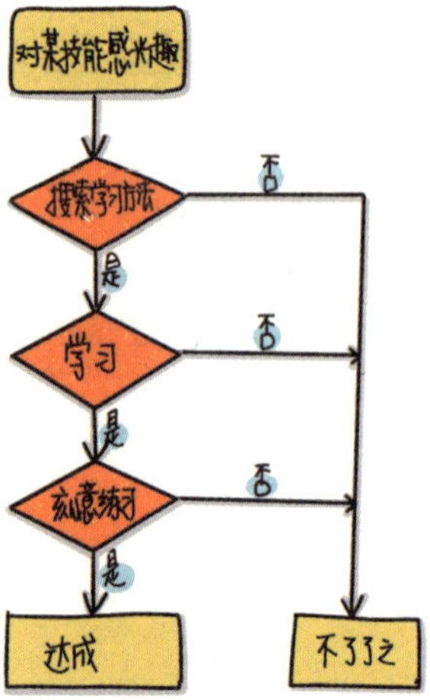

当然上面的方法只是制作流程图最常用的一种方法，如果你要绘制的工作流程图不是很烦琐，而你又不喜欢把流程图做得那么“正经”，也可以考虑用路径型的视觉框架，把所有的步骤串联起来，做成下面这样。

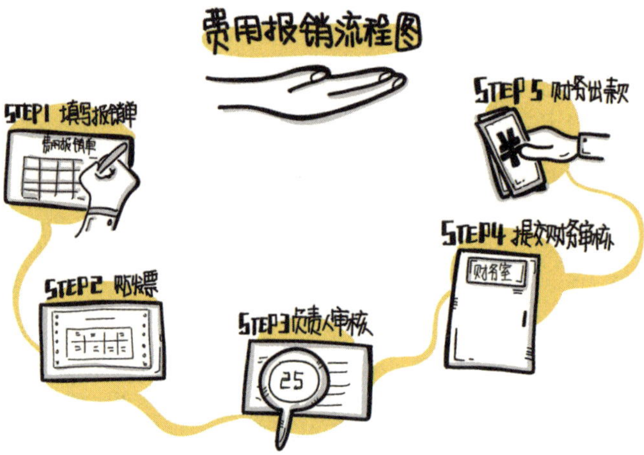

一页纸工作法的原则是，无论你最终呈现出来什么样的图，只要能在画图的过程中解决问题就算达到目的了。

三　用一页纸做会议纪要

开会对职场人士来说简直就是家常便饭，很多人的一项日常工作就是在会议结束后输出一份会议纪要。你平时做的会议纪要是什么样子呢？

通常会议记录人都是用文字把会议内容逐条列出，然后在会后用邮件的方式群发给相关人员。但实际上却没有几个人喜欢看这样的会议纪要，因为大家平时工作繁忙，哪有那么多时间去看堆满了文字的会议纪要呢？

然而会议纪要的作用不容小觑，有时候我们开了两三个小时的会，会后却不记得会议的结论是什么。会议纪要的价值就是在会议结束以后，帮助大家梳理会议的目的，强调会议解决的问题以及得出的结论，明确每个人的下一步行动是什么。有些公司的领导因为没有时间参加每个会议，往往只能通过收到的会议纪要去查看会议成果，了解项目进展以及人员工作情况等信息。

这么重要的会议纪要，却因为堆叠的文字不受重视，是时候用一页纸工作法去拯救它了。用一页纸工作法输出的会议纪要，具备图文结合、逻辑清晰、重点突出、没有废话的特点，这样的会议纪要既能方便大家阅读，又能向他人展示自己的可视化能力，真可谓一举多得。

下面就带你看看我是如何做会议纪要的吧。

【解决问题】输出会议纪要

【思考解读】

通常的会议都有一个会议主题，在主题下延伸探讨几个议题。会议纪要最重要的就是记录好会议主题、议题以及重要的决策。但是在实际的开会过程中，参会人员的发言都会比较发散，这就给记录增加了难度。

所以在用一页纸做会议纪要时，首先要明确的是会议纪要不是发言记录。我们要将与议题无关的讨论信息过滤掉，搭建一个清晰的逻辑框架，呈现出有价值的内容。而且会议纪要讲求快速记录，会议结束后就要发送给大家，所以不需要做得非常精美，也不用使用特别多的颜色，一两种颜色足矣。

在会议中，议题往往是一个接一个地被讨论的，我们可以选择路径型结构的视觉框架，从左到右按照议题的顺序去记录重点信息。

【视觉框架】

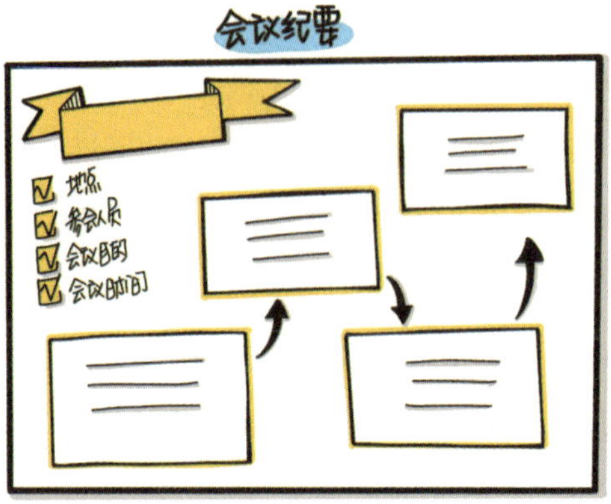

【操作过程】

1. 工具准备

一张白纸、一支黑色勾线笔、两支马克笔（其中一支灰色的用来上阴影，一支其他颜色的用来强调重点）。

2. 写出会议的大标题

首先在一页纸上写出会议的主题，主题要写得大而醒目，可以用我们常用的飘带把主题框起来。会议的主题在开会前就可以通过查看会议通知，或者向会议组织者询问等方式了解到，所以主题部分可以提前制作，并画一些相关的图像。

除了主题内容，标题部分还要包含一些会议的基本信息：

- 时间
- 地点
- 人员
- 目的

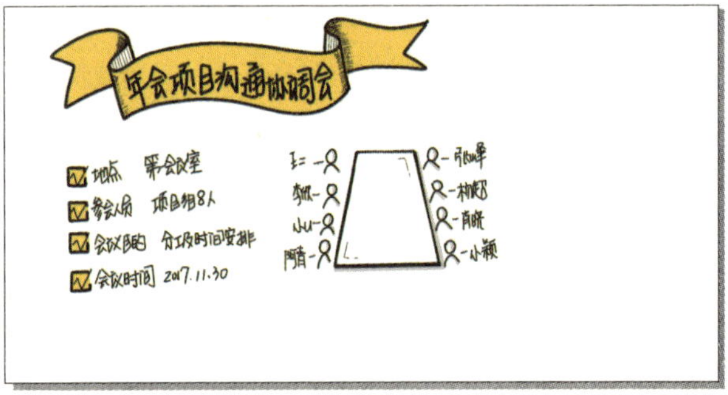

你现在看到的这个案例，就是一个年会项目沟通协调会的会议标题部分。会议开始前，还可以根据现场的情况画一个现场座位图，标记出每个人的名字和个人信息，帮助大家重现会议的场景。

3. 分板块记录会议内容

通常我们的会议都是一个议题接着一个议题讨论的，上一个议题讨论出了结果才会进行下一个议题，所以我们在做会议纪要的时候也可以一个板块一个板块地去记录。

记录的时候要特别注意对信息的筛选和过滤，并不是所有的信息都要记录在纸上。我们经常会在开会的时候通过头脑风暴的方式去解决问题，这时大家会自由联想、畅所欲言，你听到的信息就会非常发散。把所有发言者的陈述都记下来是没有意义的，面对这种情况，我的做法是只记录议题的核心问题和解决方案。

比如在这个案例中，会议目的是在项目执行前明确分板块的负责人，并讨论各项工作的时间排期。大家所讨论的第一个议题是项目的整体时间排期，于是我就画了一个时间轴，然后在时间轴上标记出每项工作的重要时间节点。

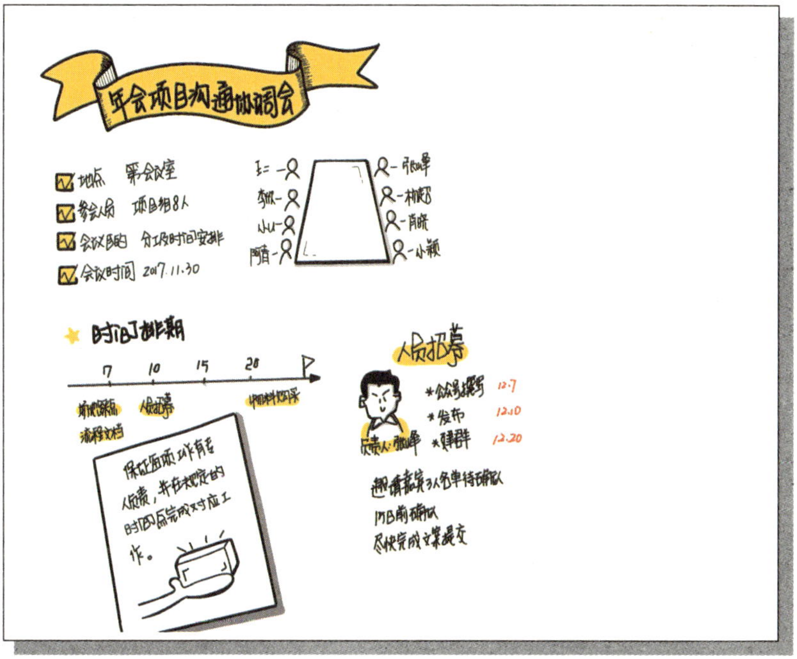

随后是针对每个板块工作的讨论。首先是年会项目的“人员招募”问题，我就将“人员招募”作为一个二级标题。当大家对人员招募问题进行讨论的时候，我并没有记录过程性的信息，只将最终的决策记录了下来：招募负责人是谁、重要事项的时间节点以及大家关注的嘉宾问题和解决方案。

按照这个方法，随后我又写下了其他三个议题的关键信息内容。

4. 添加图形框和引导线

记录完所有的内容以后，我们就可以将几个议题分别用图形框做出区隔，这样可以使整张会议纪要的逻辑层级更加清晰，大家阅读起来也会非常方便。

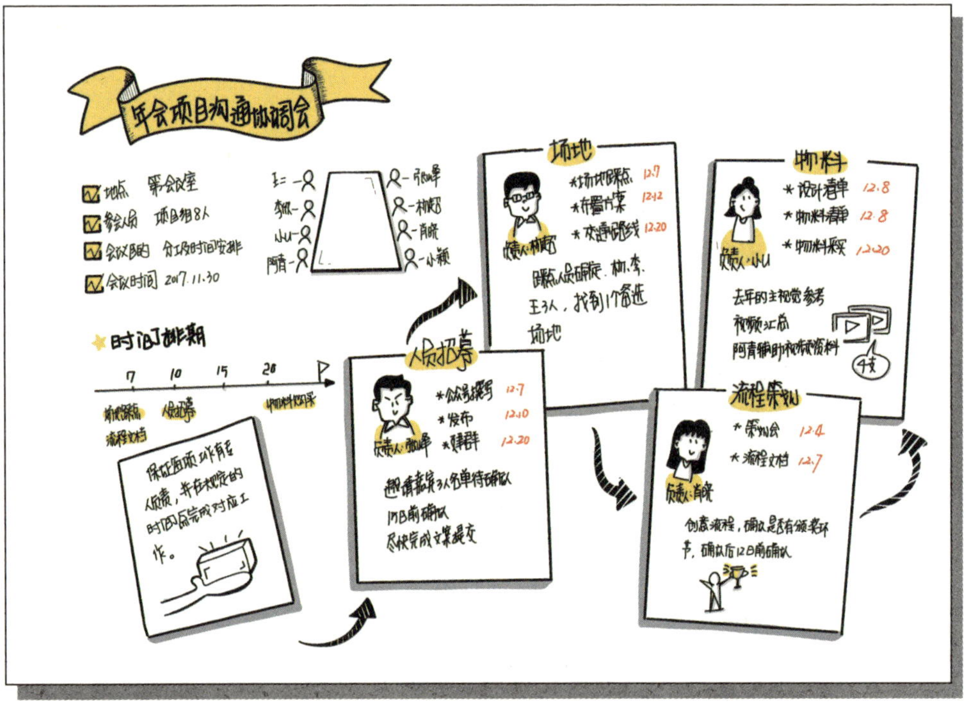

可以看到加上图形框以后，整张会议纪要的感觉马上就不一样了，结构非常清晰易读。如果你是一个阅读者的话，可以很轻松地看到会议主题，然后了解到项目的时间排期以及人员招募、场地、流程策划、物料四大板块的信息。

每个人都能很轻松地针对自己想了解的问题去查看相应的区域。

你看到这里可能会冒出一个疑问："为什么图形框在会议纪要中是最后才画上去的，而不是在一开始就先画好呢？"

因为开会时有很多人会发言，而且发言通常是无序的，我们无法预测哪些发言包含需要记录的信息，具体又需要记录多少内容。如果在一开始就画好图形框，那等于就限定了这部分内容所占区域的大小，很容易发生信息写不下的情况。所以往往我们在记录未知的信息时，都是先记录听到的重点文字和图像，最后再用图形框去做区隔。

最后你还可以画一些箭头作为引导线，来引导大家的阅读顺序。引导线可以创造出一种信息流动的感觉，让大家的眼球跟着箭头的方向去阅读。

注意在这个案例中我只使用了两种颜色——灰色和橙色，灰色用来画阴影，橙色用来标记重点信息，很多时候我们都可以只选择两种颜色来搭配使用。在一页纸工作法中，使用颜色的最大目的并不是美观，而是突出重点。

5. 扫描后发送给大家

把纸质版的会议纪要用手机软件扫描后，通过邮件等方式发送给相关人员。

以上就是用一页纸做会议纪要的方法，你学会了吗？下次在公司开会的时候，不如你也做一份出来试试看吧！

第四节　用一页纸制作与众不同的自我介绍及个人简历

我们现在正处在一个高速发展的新媒体时代，在这样的环境下每个人都是一个产品，都有自己的品牌。我们需要向别人展示自己，扩大影响力，寻求更多的合作机会。相信很多人都已经意识到建立良好的个人品牌的重要性。在竞争激烈的职场环境中，同样需要塑造个人品牌，建立独特的职场标签，让同事、领导和客户记住你的长处和优势。

然而建立个人品牌的第一步，就是有一个与众不同的自我介绍，能够定位清晰，让别人一看就能记住的那种。以前大家都是通过口述或者递交名片的方式来介绍自己的，现在学会了将信息可视化的你，就可以尝试用一页纸做一份可视化的自我介绍，生成图片后留作备用。

关于可视化自我介绍的好处，不用我多说，做个对比你就能很清楚地感受到了。

强大的小萌萌

职业：教育培训/视觉引导师

坐标：北京&青岛

标签：CGFP认证视觉引导师/简书推荐作者/职场问答达人

梦想：传播视觉思维

VS

纯文字的自我介绍显得非常枯燥，大家对这样的介绍往往没有什么新鲜感。可视化的自我介绍形式创新，让人第一眼看上去就觉得非常有趣，想要多了解一下。而且它生动形象、逻辑结构清晰，能给人留下深刻的印象。

看到这儿你是不是已经迫不及待地想要做一张可视化的自我介绍了？那就让我们马上开始吧。

【解决问题】将自我介绍视觉化

【思考解读】

首先自我介绍的内容非常重要，你要想清楚自己要向他人展示什么信息，想让别人记住你的哪些特点，否则介绍就算做得再漂亮也是没有意义的。

通常我们会在自我介绍中展示以下信息：

- 职业：让别人了解你的主营业务。
- 标签：你的个人关键词，通常是你的优势。
- 坐标：你所在的城市。
- 联系方式：手机、微信、邮箱等联系方式。
- 兴趣：你的兴趣爱好是什么。
- 梦想：你的愿景目标是什么。

当然你也可以根据需求，添加自己想要展示的其他信息，总之就是要突出自己的优势，让别人记住你。

我做自我介绍采用得最多的视觉框架是放射型结构，在中央画上自己的头像，然后在四周辐射出几个信息块来展示自己各方面的信息，这样的版面看上去会非常清楚。但是自我介绍的视觉框架并不固定，你也可以根据自己的喜好选择模块型、路径型等视觉框架，我们下面只以放射型的视觉框架作为案例进行讲解。

【视觉框架】

【操作过程】

1. 工具准备

一张白纸、一支黑色勾线笔、自己喜欢的颜色的马克笔。

2. 画出中心的图像

在白纸的正中央，画出一个属于自己的专属头像，这个头像一定要体现出你的特征。

想要画出人物特征很简单，要从脸型、发型、眼睛、衣着入手观察。头像不用画得特别像，但一定要突出自己的特点。

如果你想特别突出自己的职业，就要注意把这个头像画得符合自己的职业特征。假如你是一名医生，就可以画一身白大褂带着听诊器。假如你是一名企业培训师，那就可以画穿一身正装，手持话筒的样子。下图就是我用同样的小人添加了一些职业特征的元素画出来的，其实各行各业都有自己的职业特征，先仔细想一想，然后再用图像表现出来。

画完头像就可以在图像的底部添加一些文字说明，比如你自己的名字，或者 ××× 的自我介绍、××× 的名片等字样。

3. 在中心图像周边画出几个图形框，填充内容

我们采用的是放射型的视觉框架，就要由中心图像向外扩散出几个图形框。具体的个数，由你想要表达的信息数量决定。比如在自我介绍中，我想展示职业、标签、坐标、梦想四个方面的信息，那就要画出四个图形框，并在其中填充内容。填充内容时，注意加入一些图像信息，增加视觉冲击力。最后，涂上自己喜欢的颜色就可以了。

当然信息的呈现也不一定要这么死板，一定要用图形框框起来，我们也可

以采用给图像添加背景色块的方法来制造信息之间的区隔。

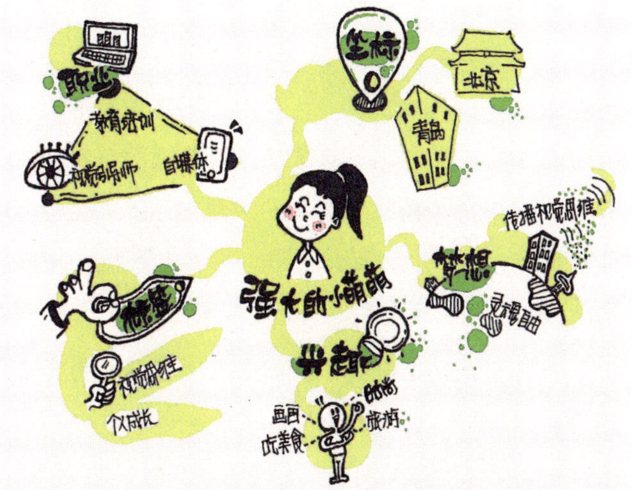

可以看看我的另外一张自我介绍，虽然没有用到图形框，但是职业、坐标、标签、兴趣、梦想五个部分也被很好地区分开来。这种方法也很简单，将每一个板块的信息画得紧凑一些，板块与板块之间要有一些留白，然后将中心图像和五大板块信息涂上黄颜色的背景色块，最后用黄色的线条作为引导线将中心图像和五大板块的背景串联在一起，就呈现出了上图的效果。

这样，一份有趣又吸睛的视觉化自我介绍就做好了。

4. 扫描生成图片

纸质版的自我介绍没有办法重复利用，我们可以把画面扫描后生成图片，存在自己的手机或者电脑中，以便随时使用。扫描的工作同样可以使用手机软件《扫描全能王》来实现。

5. 应用

也许你想象不到，一张视觉化的自我介绍图片可以用在很多场景。

把它当作一张名片使用

首先当然是自我介绍最基础的应用，把它当作名片向你的新同事、新领导、新客户或新朋友介绍自己。

另外现在我们每个人的手机中都有很多的微信群，其实微信群在某种意义上已经成了一种社交场所。当你新加入了某个微信群后，可以在群里发送这张自我介绍的图片介绍自己，让大家更深入地了解你。

还有一个在微信中交流的使用场景，我们经常会用微信去主动加一些大咖或是自己非常仰慕的人，但是加完以后往往因为不熟悉而不知道和对方说些什么，以至于一直处于零交流的状态。有了这张可视化的自我介绍图片，加完人后你就可以把图片发给对方，向他展示你的职业、标签、优势等信息，也许你的某项特质就能吸引对方跟你产生联结。

用于朋友圈的封面

由于我们处于一个新媒体的时代，人和人之间甚至不用线下见面就可以建立联结并产生合作的关系。你平时想要了解一个人，第一件事情会做什么呢？我想应该是会去浏览那个人的微信朋友圈，看看他平时发的文字、图片信息。

所以微信朋友圈是我们对外展示自己的一个非常重要的窗口，要好好地经营与管理。而点开朋友圈最先看到的就是朋友圈的封面，朋友圈的封面图也就成了个人品牌展示的最大广告位。

你可以把做好的自我介绍图片设置为朋友圈封面，这样任何人点进你的朋友圈都可以迅速地了解你了。相信这样一张视觉化的自我介绍会给人留下深刻的印象，我自己的朋友圈封面就是这样的了。

用于线上、线下分享的自我介绍

很多小伙伴现在都有在线上、线下分享的机会，分享是我们个人成长、建立个人品牌的重要时刻。通常分享的第一个环节就是向大家介绍自己。在线上的分享群或直播平台里，你可以发送自我介绍图片；在线下的分享活动中，可以通过把图片做进分享课件中来展示自己。这种创新的自我介绍能够让更多的人记住和了解你。

公众号的宣传图片

有不少朋友都创建了自己的个人微信公众号，有的人还在进行多平台写作，比如简书、今日头条、大鱼号、企鹅号等。利用多平台写作，把自己的经验写成文章分享给更多的人是一种非常好的成长方式，也在无形中为自己的个人品牌做了加持。

我们可以把做好的自我介绍图片放在各大平台发布的文章结尾处，读者读完文章后很自然地就可以通过这张图片了解你。在这张图片上加一个二维码引导关注，就能帮你吸引到更多的粉丝关注。

个人简历

如果我们把自我介绍做得更充分一些，就形成了一张个人简历。现在干什么都讲求创新，个人简历当然也不例外，传统的简历都是文字的堆砌，让人力资源工作人员（HR）很难看到重点。想要得到自己心仪公司的面试机会，一份与众不同的简历就是“撒手锏”。

下面就来个加餐，我们一起用一页纸做一张视觉化的个人简历，更好地展示自己。

【加餐——用一页纸制作个人简历】

个人简历跟自我介绍有相似之处，都是要向别人展示个人信息，突出自己的能力、经验和优势。但是做个人简历的目的更加明确，是争取到心仪公司的面试机会，这就要求我们将视觉化简历做得比自我介绍更全面、更专业。

1. 思考

写简历之前要换位思考，研究一下你要应聘的公司和职位是什么调性的。

可视化的个人简历本身形式比较独特，非常适合一些调性活泼的互联网公司和需要有创新意识的岗位，而对于一些调性严肃的企业就要慎用啦。

另外还要考虑公司 HR 看简历的习惯。要知道一个 HR 每天可能要浏览上百份的简历，所以他们通常不会很细致地去看简历上的每一个字，而只会扫一眼简历中的关键信息，看到符合条件的就联系面试。在做可视化简历时，我们的重点是把简历做得既结构化又美观，让 HR 在被吸引的同时，还能很快看到自己想了解的信息。

2. 简历内容梳理

用一页纸做视觉简历跟其他一页纸的应用一样，内容最重要。我们要先弄清楚在个人简历中写什么内容。一般来说，有几点是必须写的，这几点也是 HR 比较关注的信息。

■ 个人基本信息

个人基本信息主要包含姓名、性别、应聘职位、年龄、工作年限、学历、联系方式。这些是最基本的信息，应该放在最前面。

■ 教育经历

也就是你接受教育的经历和获得过的证书，如果你有什么特殊技能的证书也可以写在上面。

■ 实习经历、工作和项目经历

实习经历、工作经历的部分是整张简历中最重要的部分，但也不要写得过于烦琐，HR 看不了那么多的，这部分只写跟自己应聘的职位相关的经历就好。有的人明明要应聘文案的岗位，却把自己曾经做销售的经历写了一大堆，除非这段经历跟你要应聘的岗位职能有联系，否则它对于当前的应聘没有任何帮助。

还要注意的是，描述自己的工作经历时最好配合展示具体的项目和成果，一般 HR 会比较看重你在之前的工作中都取得过哪些成绩。可视化个人简历的好处是，我们可以通过一些图形、图标来表现自己的工作成果，让你的成绩一目了然。

■ 案例展示

你还可以在简历中添加一些自己曾经的作品，或者是有突出成绩的项目图片。这部分可以把照片高清打印出来贴在纸上，或者后期通过电脑软件做上去。

■ 自我评价

对自己很简单的一句话评价，体现优势或者个性。

将简历内容梳理完以后，我们知道这份简历要设置五大板块的内容，就可以做进一步的排版布局了。当然板块的数量也不是固定的，你要根据自己的实际情况去安排。

3. 实际操作

先准备好纸和笔，因为个人简历呈现的内容比自我介绍要丰富，所以纸也要准备稍微大或长一些的，我们把纸张竖着来使用。

然后将要呈现的几个板块内容分区域画出来，下图是我画的一张个人简历示例图。

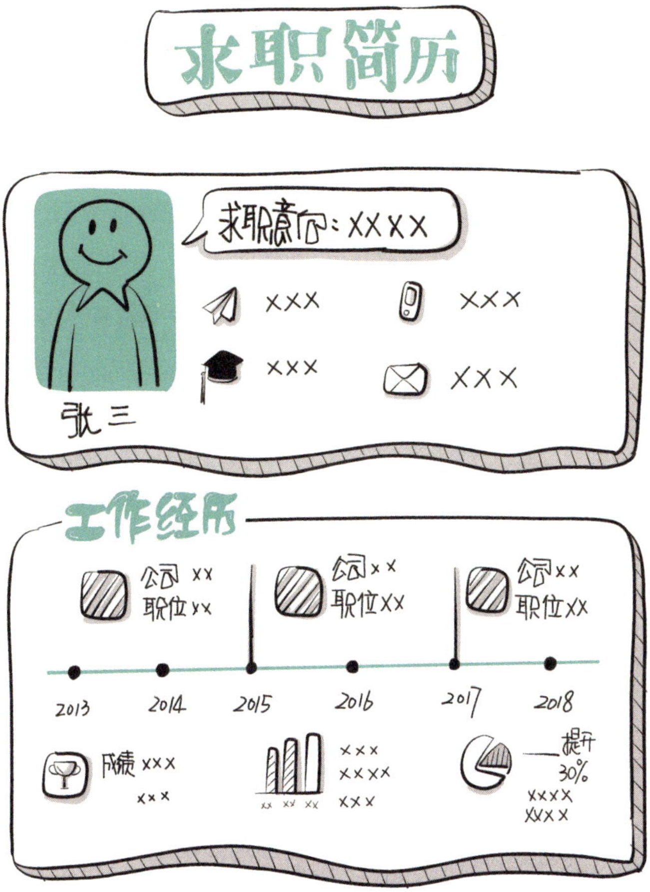

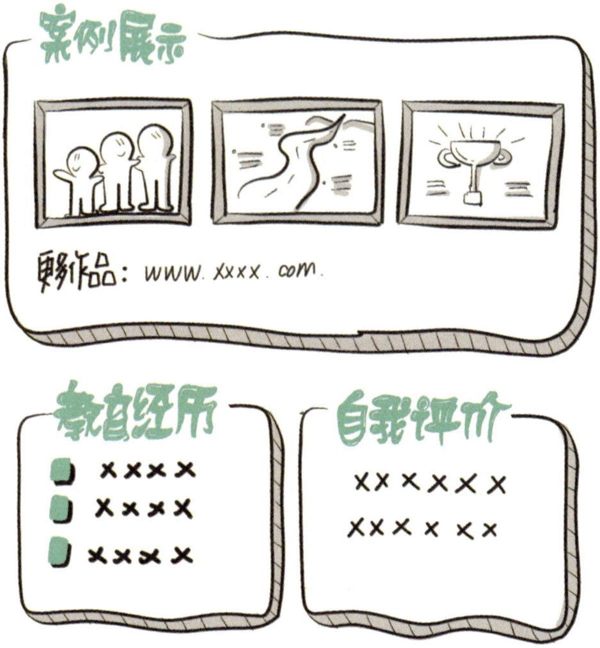

画的时候注意突出简历的标题和二级标题的层次结构，让 HR 一看就能知道每个部分展示的是什么信息，头像可以贴上照片也可以自己手绘完成。

工作经历可以通过时间轴来表现，引导别人按照时间顺序一步一步地了解你的信息。其他繁杂的信息多用图形、图表来呈现，让关键内容一目了然。颜色可以起到吸引眼球的作用，但不宜使用过多，两种颜色就足够了。

这样的一个可视化的个人简历，形式新颖、结构清晰，一定能在众多的文字简历中脱颖而出，助力你找到心仪的工作。

第五节　用一页纸进行职场沟通

记得曾经在公司的拓展训练中玩过一个有趣的游戏，我们小组的6个人每人拿出一张纸，以同样的方向拿着，然后闭上眼睛听拓展教练的指示完成以下操作：

- 把纸按顺时针方向旋转180度；
- 把纸对折；
- 再按顺时针方向旋转180度；
- 再把纸对折；
- 把纸按顺时针方向旋转90度；
- 在纸的右上角撕下一个边长约1cm 的正方形；
- 把纸按顺时针方向旋转90度；
- 在纸的左上角撕去一个边长约2cm 的正方形；
- 请大家睁开眼睛，展开手中的纸。

当我们睁开眼睛把纸展开互相展示的时候，很震惊地发现在同样的指令下，我们6个人居然弄出来好几个版本。不信的话你也可以找几个人来试试看。

这个游戏之所以给我留下很深的印象，是因为我明白了关于沟通的两个问题：

- 语言有时候并不精确。
- 对于同样的语言描述，每个人都会产生不同的理解，进而做出不同的反应。

在职场中80% 的事与沟通有关，而80% 的障碍都是由沟通不畅引起的。有时你向同事表达了自己的想法，对方说听懂了，但实际上他理解的却不是你想要传达的意思。有时你接到了领导的一个任务需求，你认为自己明白了领导的意图，但做出来的东西却不是对方想要的。

造成沟通不畅的原因在于，每个人的思维方式不同，对同一个问题的理解就不同，做出的判断自然也就不一样。而我们在与人沟通时，两个人对问题的解读画面又只能停留在各自的大脑中，无法验证，就造成了对信息的理解不一致却彼此不知的现象。等到发现的时候，往往已经晚了。

如果有一种方法，能让大家在沟通时看到彼此的想法，就可以让沟通变得顺畅，从而快速达成共识，高效协作。

那么用一页纸把各自的想法简单地画出来，就能起到这样的效果。可视化的沟通方式利用大家拥有共同的视觉语言，解决了沟通不畅的问题，使沟通更高效。下面我们就以和客户沟通为例，学习如何用一页纸进行可视化沟通。

【解决问题】用一页纸进行可视化沟通，使沟通更加顺畅

【思考解读】

用一页纸跟别人沟通没有固定的视觉框架，一般就是随着沟通的推进，把听到的信息或自己产生的想法呈现在纸上。比如领导给我布置了一项工作，那我就把领导的工作利用SMART原则在纸上进行细化，并去跟他核对目标。再比如，同事跟我讲解了某项工作的流程，我随手便画了一个流程图出来，让对方确认我的理解是否正确。所以我们在一页纸上呈现的信息模式是根据沟通的内容而定的，非常灵活。

与客户沟通是一个相对复杂的过程，能够听懂客户的需求，并提出最让对方满意的解决方案是第一位的，所以通常和客户的沟通框架为：了解客户需求—提出解决方案—达成共识。我们可以按照这个顺序在纸上呈现信息。

【操作过程】

因为没有固定的视觉框架，所以我对用一页纸与客户沟通的操作讲解，重点不在文字、图形怎么呈现，而是沟通的流程和注意事项。我们还是以一个案例进行说明，案例信息如下：

现在客户要跟你谈论一款新上市的饮料，在未来的几个月你们要为这款新品做一系列的校园推广活动，他现在正在发愁的是最临近的这场校园活动以什么形式展开。

1. 准备好工具

提前准备好沟通用的白纸和笔。因为要做到边听边画、快速呈现，所以一两种颜色的马克笔就足够了。

2. 与对方坐在同一边

以前我们在和客户沟通时，通常都是面对面坐的，但是可视化沟通需要你和客户坐到同一侧去，这样对方才能清楚地看到你在纸上呈现的内容。两个人坐在同一侧也会让彼此感觉更加亲近。

3. 写下沟通主题

如果可以，提前在白纸上写出本次沟通的主题或想要解决的问题，这样就形成了一个视觉焦点，避免沟通双方在讨论中跑题或者思维过于发散。

我们现在就在白纸上写下和客户即将沟通的主题：新品校园推广活动形式。

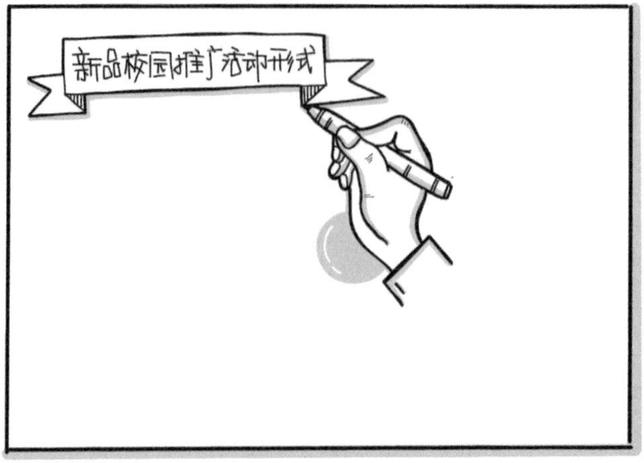

4. 专注地聆听客户需求

可以先随便聊聊，然后引导客户说出他的需求是什么。在这个过程中要排除一切干扰专注地聆听。

5. 抓住关键信息将客户需求呈现出来

在聆听的过程中，你的大脑也在飞速地运转，将不重要的信息过滤掉，只保留那些关键的信息。你的大脑此时变成了一个巨大的漏斗，繁杂的信息输入进来，经过这个漏斗的过滤，最后只剩下精华的部分。然后你再通过简单的图像和文字将这些精华信息呈现出来。

现在客户的需求是：讨论新上市饮料的校园推广形式。我们就可以画出饮料和校园推广的相关图形。然后根据客户的进一步描述，在周围注明活动的注意事项，以确保接下来的讨论是围绕正确的思路展开的。

可以想象一个画面，客户在说他的需求，你随之在一页纸上呈现了出来，对方频频点头。但当他看到你呈现出来的画面与他表达的信息有偏差的时候，便会马上纠正你，并再次强调他的意思，你便随之修改。这是一个互动的过程，让你们的理解始终保持一致。

6. 把解决方案画在纸上

将客户需求呈现完以后，你可以根据纸上的图像做一个小结，向客户陈述你听到的需求，并说说你的想法。接下来可以跟客户一起探讨解决方案，并把这些还未成形的想法一个接一个地画出来，让客户进行选择。

根据客户的阐述，我们对这次的推广活动提出了三种设想：

- 搞一个校园音乐节，将新品的推广融入其中。
- 发起一次校园跑步运动，同时融入新品的推广。
- 搞一次校园美食文化节，同时融入新品的推广。

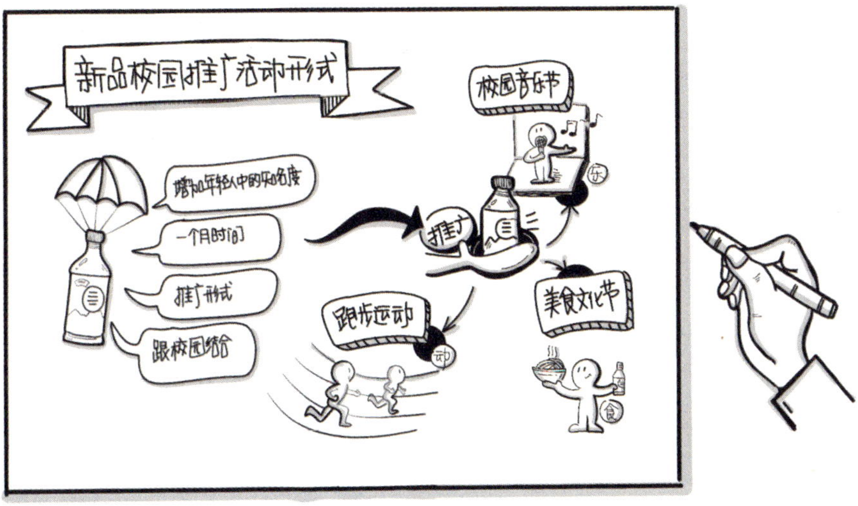

我们可以一边跟客户表达细节一边把想法简单地画在纸上。看到这些想法，客户也会提出自己的意见，很快就会告诉你他更倾向于哪个创意。

7. 完善创意并一起画

客户最终选择了要举办一次校园跑步运动，因为运动的主题和这款产品的调性非常匹配，但他觉得这个跑步的地点可以不设置在校园内部，也许设置在户外会比较合适。

你可以将客户的意见完善在纸上，但更好的做法是鼓励客户也参与到一页纸的创作中来，把画笔交给他在画面上增加自己的想法。对方可能会画出一些高楼代表活动场景，就这样你们共同完善着这个想法，慢慢就得到了一个成形的方案。现在桌子上的这一页纸，已经是你与客户共同的结晶，你们之间的关系也变成了合作的关系。

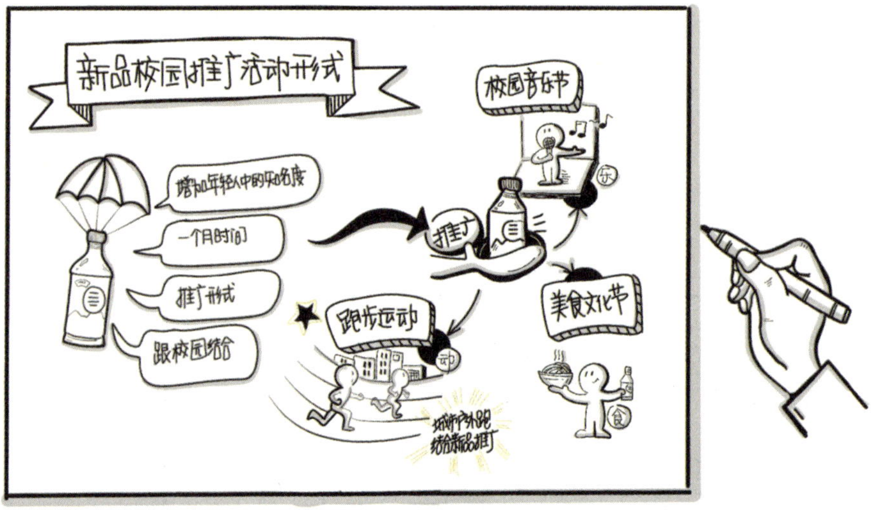

这一步遵循了“餐巾纸学院”的创始人丹·罗姆提出的“75-25法则”，就是你先画75%的图，一边画一边解释含义，并把提到的要点在图上标记出来。然后，让客户圈出最重要的内容，或者添加缺失的元素，完成剩下的25%。“75-25法则”非常有助于与客户沟通和销售产品。

8. 达成共识

最终你们就画面中的意见达成了共识，可以把最后的结论圈起来，以便后续进一步落实。这样一次完美的视觉化沟通就结束了。

进行可视化沟通的难点在于，要在沟通中边说边画，这就需要你具备对输入的信息快速整理并立即用简单图形呈现出来的能力。所以平时一定要注意训练自己的逻辑归纳能力和文字转化图形的能力。

以上就是跟客户用一页纸沟通的方法。用一页纸进行职场沟通能够避免沟通双方理解上的偏差，对信息或目标快速达成共识。

我们每个人所从事的职业不一样，需要沟通的对象和场景也不太一样，但是只要你愿意，就可以将可视化的沟通方式运用到工作当中，更好地为自己和他人服务。这可能需要你费一些脑子去思考，但是价值却是巨大的。

我的好朋友张晶是一名医院的护士，也是一名视觉引导师，她就将这种可视化沟通方法用在了医护人员与患者的沟通中。

在她所在的医院里，有一些在口腔中插管的病人，还有一些年龄很大的病人，这些人因为疾病无法通过正常的讲话表达自己的想法和需求。于是她就用“图 + 文”的形式制作了一套医护人员与患者的沟通卡片，每一张卡片都表达了病人的一个基础需求，这样就可以让那些因为疾病没办法正常沟通的患者向医生表达要求了。

本章总结

一页纸搞定大问题——职场篇（个人）

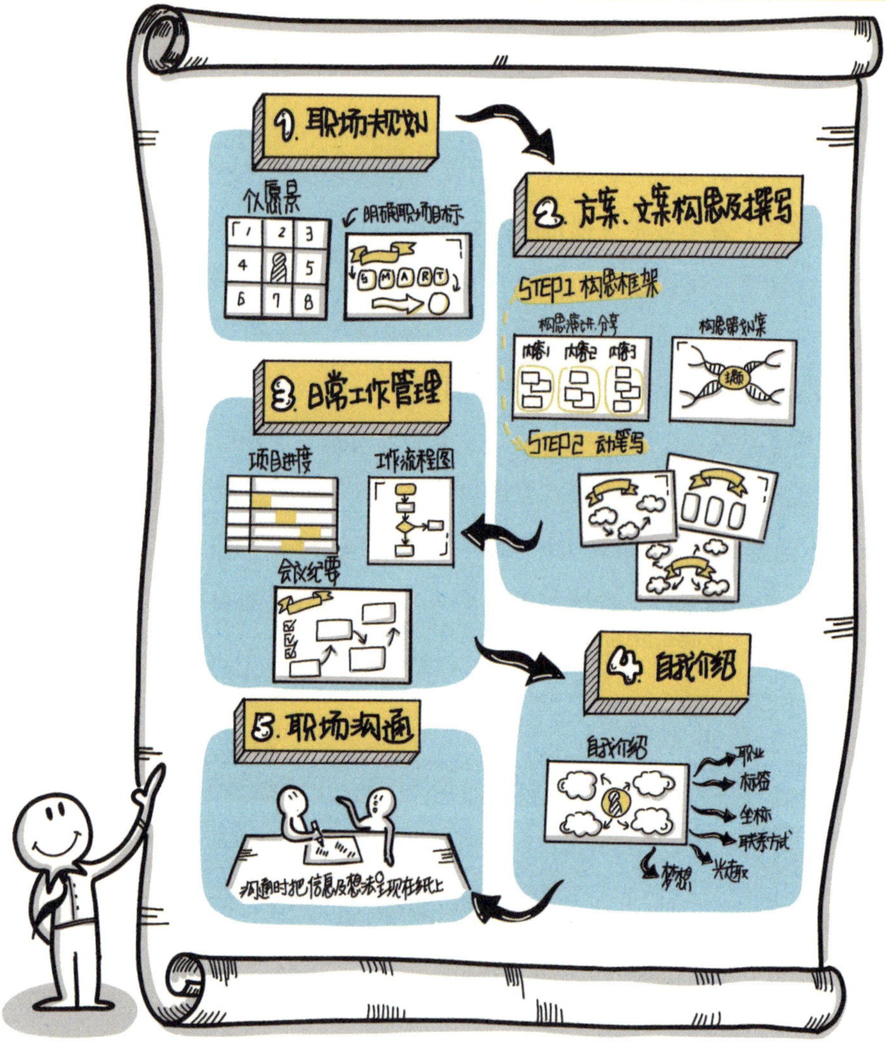

第四章

一页纸搞定大问题——职场篇

（团队）

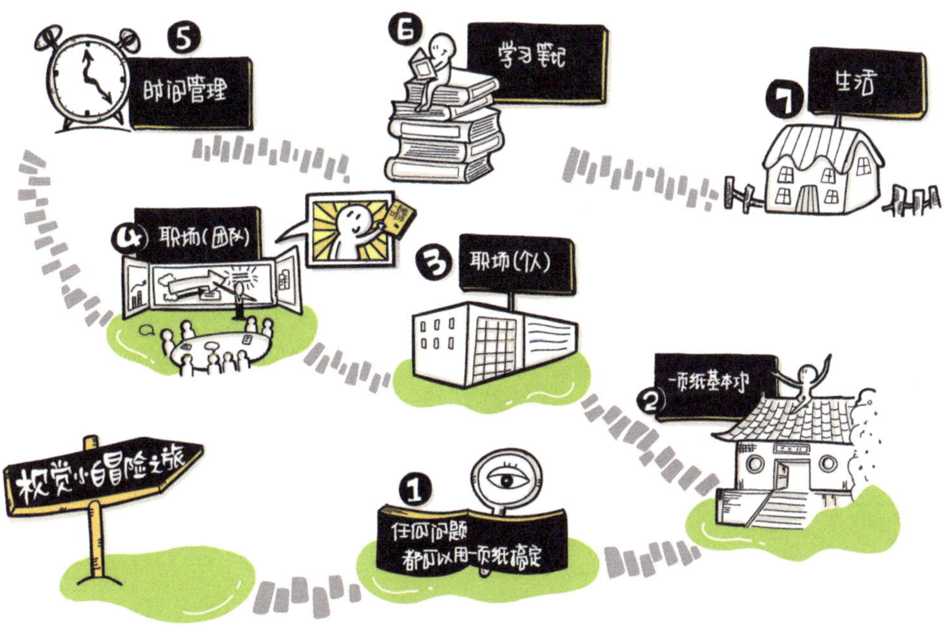

在之前的视觉旅途中，你已经学到了很多用一页纸解决个人职场问题的方法，其实一页纸的应用还远不止于此。

在职场环境中，我们并不是单独存在的个体，每个人都是团队中的一名贡献者。在很多情况下，我们必须通过团队协作才能完成任务，达成目标。一页纸工作法因其可以将信息可视化，便于沟通交流，所以在团队中使用就能发挥出更大的价值。

那么，现在你已经迈进了第四个关卡，在这里你会看到一页纸工作法是如何应用在公司会议以及企业培训当中，帮助团队成员思考并快速达成共识。

第一节 视觉会议，让会议进程看得见

一 视觉会议让开会变得乐趣横生

在企业中，团队成员想要齐心协力完成一项任务，肯定是先从一个会议开始的。大家需要通过会议熟悉彼此、了解任务的背景、明确统一的目标、协商执行的策略等，待上述信息达成共识后，就可以分别去做自己负责的一部分工作了。

但是貌似大家对开会都没有什么好感，以至于每次一接到会议通知就蔫头耷脑很不开心。“哎呀，怎么又开会啊……”你是不是也这样抱怨过呢？

传统的会议形式确实存在种种问题，以至于很多人都在开会期间开小差。环顾一个“会议进行时”的会议室，你会发现有的人在自顾自地回邮件，有的人在玩手机，有的人虽然坐在会议室里，很明显是“身在曹营心在汉”，魂都飘到别处去了，大家都只是坐在会场耗时间而已。

但是，会议是企业正常运行的一项重要工作，它是实现团队协作、群体沟通的主要形式，我们必须想办法改善。

一页纸工作法在团队中的应用，很重要的一部分就是将会议信息可视化，这是一种全新的会议形式——视觉会议。这可能对于你来说是个新的概念，那么，什么是视觉会议呢？

我们可以用一张大纸呈现出会议的进程以及参会人员的想法，在会议中加入视觉元素和交互式的环节设计，让本来枯燥无聊的开会过程变得轻松、有趣而又高效。

这样的会议形式能让所有人对开会的印象大大改观。下面让我们来看看视觉会议的好处：

1. **全景思维**

在视觉会议中，参会人员会共同创作出一张全景图像。这张大图能够帮助团队成员思考，大家都可以跳出自己思维的框框，看到问题的整体，同时，也能看到问题与问题之间的内在关联。

2. **提升参与感**

在会议的过程中，每个人的想法都会被记录在大纸上，大家会因为自己的想法得到了肯定而共同推动问题的解决。便利贴等工具的使用让开会的过程充满交互性，所有人的参与感就会大大提高。

3. **快速达成共识**

因为所有信息都被直观地呈现出来，这就减少了团队成员之间的理解偏差，大家会一起推动问题的解决，快速地达成共识。最终呈现出的会议决议是大家共同努力的结果。

二　最简单的视觉会议工具——视觉框架图

实现视觉会议最简单的方法，就是在会议前根据需求策划好会议使用的视觉框架图，在大纸上提前画好，并张贴在会议室的墙上。等到会议进行时，通过写字、画图或者贴便利贴的方式，将大家的想法放到框架图中，形成解决问题的答案。

视觉会议的框架图，其实跟我们之前接触到的视觉框架是一个东西，只是这次它的作用是规范会议的进程及内容，由团队成员一起在开会期间填充内容。你可以根据会议的主题和会上要讨论的议题设计出相应的视觉框架来。

比如，你即将开一个关于某活动规划的头脑风暴会议，那就可以提前在一张大纸上搭建好一个会议框架，包括“活动日程”“参与人员”“活动环节”三个区域，留出的空白让大家在会议上把想到的点子填充进去，最后再通过投票的方式选出最佳的方案。这个视觉框架图能够很好地帮助团队成员聚焦讨论。

下面举一个视觉会议的实践案例，你可以看到我是如何思考，并呈现出一个会议的视觉框架图的。

在2017年的年底，我所在的“青岛趁早”组织重建了管理组，平时管理团队中的小伙伴都是在线上沟通交流的，“青岛趁早”当时的会长打算搞一次管理团队的线下会议。

在活动前，会长就咨询我能不能在会议中加入视觉引导，希望这次的会议开得轻松一些，而且还要解决以下几个问题：

- 团队成员相互认识。
- 明确团队成员的分工。
- 接下来的活动安排规划。

听了会长的三个需求，我决定提前设计好一个会议的框架图，让大家体验一下有趣的视觉会议。经过思考，我将本次会议的三个需求转化成三个小画面串联在一起成了一张大图，也就是我们这次管理组线下会议的视觉框架图。

可以看到这张会议的框架图对应着这三条会议需求，很清晰地呈现出三个部分。

第一部分：认识彼此

因为会长的第一个需求就是让团队成员相互认识，所以我就画出了九个小人聚在一起的造型。我把小人的脸都留作空白，等着小伙伴们自己去填充。然后在每个小人下面都画了一个对话框，用来让大家填写个人信息，以便介绍自己。

这个小的视觉框架叫作团队画像图，可以让团队成员之间快速地认识彼此，在很多视觉会议中，我们都可以把团队画像当作第一个环节，起到暖场的效果。在后面的章节中，我会具体讲到制作团队画像图的案例和方法。

第二部分：分工

大家做过自我介绍以后，彼此之间就有了初步的了解，下面就可以进行任务分工了。

我在这部分的中间先画了一个小房子代表我们的“趁早家园”，然后在家园的周围画了六个图形框，用来填写“青岛趁早”的六大工作板块。在会议的过程中，每个人将自己的名字写在便利贴上，贴到感兴趣的工作岗位上，同时，还可以写一些对这个岗位工作的想法。都写好后，大家一个板块一个板块地讨论，得出最终的人员分工。

第三部分：头脑风暴

头脑风暴的部分是为了响应会长的第三个需求：畅想青岛趁早接下来的活动规划。

因为要畅想，就要让大家开脑洞。于是我就真的画了一个开了脑洞的小人，从小人的大脑中延伸出了五个空白的思想泡泡，暗示大家要开动脑筋肆意发散，想出更多更好的活动创意。

会议期间，我们通过用笔和贴便利贴两种方式把自己的想法填充到了空白的区域中，使得只有“骨架”的会议框架图变得“有血有肉”，非常丰满。

照片上的大纸就是我们最后的会议成果，这次的线下会议非常成功，团队的小伙伴们从第一个团队画像的环节开始就非常投入，专注地参与到会议的每一个环节讨论中，我们想出了很多好点子，每个问题都得到了解决。

其实自己制作视觉会议的框架图并不难，我画出案例中的会议框架图大概只用了20分钟的时间。制作会议框架图的重点并不在呈现过程，而在于前期要认真地和会议发起人沟通会议目的和需求，并根据需求去设计框架图。这个设计的过程往往是需要我们多花一些心思的。

假如你想跟团队展示某个项目的进展，就可以使用甘特图。想呈现做某事的流程，就可以用到流程图。想规划团队目标，就可以用旅行隐喻图。平时我们也要注意收集一些思维模型框架，并且不断地更新迭代。这些模型框架能将大家零散的知识和信息聚合在一起，帮助团队更好地思考和解决问题。

三 如何从0到1策划一场视觉会议

通过上面的案例，你应该已经对视觉会议有了更加深入的了解，下面我们就来总结一下策划一场视觉会议的方法和步骤。

1. 了解会议需求

策划视觉会议的第一件事，就是要去了解会议的需求，这样我们才能设计好会议环节、准备出一个完美的会议框架图。

会议框架图相当于会议的"骨架"，在开会过程中起到推进会议进程的作用，框架图中的每一个部分的设计，都要跟需求匹配。在设计框架图之前，你要跟会议的发起人、相关负责人甚至是参会人员就会议内容进行一次深入的沟通，了解开会的背景是什么，参会的人员有什么特点，大家通过本次会议想要解决哪些问题，最后想要输出什么结果，等等。

当我们了解了会议的核心需求，才能准确地把需求转化为环节设计呈现在纸上，并在会中得出结论。

2. 根据需求设计会议环节和会议视觉框架图

明确了会议需求，我们就要根据需求设计会议的环节模块，然后把这些模块拼在一起组成一张会议框架图。就像之前讲到的"青岛趁早"线下会议的案例，我画出了团队画像、团队分工、头脑风暴这三个模块，这三个模块分别满足了三个需求，将它们在一张大纸上组合在一起就形成了一张完整的会议框架图。

这个过程有点像在给大家出一份试卷，你负责把题干和问题提前做好，等着大家在开会时填写答案。

3. 把会议框架图呈现出来

把设计好的视觉框架图呈现在大纸上，因为视觉会议用到的纸张很大，所以我们通常会把纸贴在墙上去画。在会议开始前，还要将做好的会议框架图用美纹胶带贴在会议室的墙上展示给大家。如果墙上不能贴纸，就要提前准备好大小合适的、可以贴纸的白板或KT板。

4. 规划好会议的时间

任何会议都应该提前规划好会议的整体时长和每一个环节的时长，视觉会议由于加入了很多互动、讨论的环节，就更要注意对时间的把控。

我们不仅要在会前规划好每个环节的时长，还要在会议中告诉大家会议时间的分配情况，让所有人都有很强的时间观念。并且在具体环节进行一段时间后，还要提示大家这个环节的剩余时间。高度遵守时间，才能保证每一次会议的高效。

5. 准备相应的工具

在视觉会议中我们经常会用到一些工具，比如便利贴、马克笔等。在会议筹备期间，你要准备好足够数量的工具来供大家在会议上使用。

■ 大纸

大纸是绘制会议视觉框架图的工具。跟之前我们用一页纸工作法解决个人职场问题使用的小纸不同，视觉会议需要用更大的纸张，通常是宽1m左右的工程用纸，只有足够大的纸张才能让所有的团队成员都看清会议的主题、进程，以及他人的想法。这种大的工程用纸可以通过各种网络途径购买到。

■ 美纹胶带

用来在墙上张贴纸张，这种胶带的好处是方便手撕，而且不会在墙上留下胶痕。

■ 便利贴

便利贴是视觉会议中的常用工具，利用便利贴，每个人都可以将自己的想法呈现出来，贴到会议框架图中。

在会议进行中，大纸上会收集到写着各种想法的便利贴，刚开始你可能会觉得有点混乱。但便利贴的好处是——它就像承载着信息的拼图，我们可以随意地在大纸上来回移动，找到这些想法的最佳组合。

■ 不干胶圆点贴纸

这种不干胶圆点一面是可以粘贴的，它的作用是帮助大家在会议中做投票计数。我们在视觉会议中经常有需要就投票做出决策的时刻，可以发给参会人员一些不干胶圆点，在投票环节，每个人把自己的圆点贴到中意的方案上，最后统计每个方案得到的圆点数量。

■ 马克笔、签字笔

除了画会议框架图需要用到马克笔外，你还要为参会的每个人都提前准备好马克笔或签字笔，以便他们随时能在便利贴上写下自己的想法。

6. 会议进程

在开会过程中，你可能需要一名主持人引导大家按照既定的流程和时间进行会议的各项议程，并把大家的想法记录在会议框架图上，或者你自己就可以充当这个角色。

好了，以上就是一个简单的视觉会议的流程和需要准备的工具。视觉会议让会议更有趣，让参会的每个人都能参与其中，并且快速达成共识。你要不要在自己的团队中也试试看呢？相信不久以后，会有越来越多的公司采用视觉会议的形式开会。希望你也能把这种全新的开会方式带到自己的企业中，让更多人受益。

在下一节中，我会介绍几种在团队协作中常用的视觉会议框架图及操作方法，如果你在公司中要开同样主题的会议，则完全可以直接拿去就用。

第二节　四种常见的视觉会议框架图

一　用“团队画像图”让团队成员彼此了解

一般来说，在我们刚刚组建一个新的团队时，肯定是要开一次会的。比如，公司内新组建了一个项目组，在未来的一段时间里需要通力合作，共同完成一个项目。大家需要在会议上了解项目信息和各自的分工情况。但是，在团队建立之初，大家彼此还有些陌生，气氛就会很尴尬。我们需要通过一种方式让大家互相认识，了解彼此。团队领导也需要借此机会了解每个人的专长和性格特点，在后期的工作中才能更好地分配工作、调配资源。

这时候，我们就可以用一张大纸，画一张团队的画像图，在会议上收集每个人的基本信息，让大家更好地融合在一起。

对于“画像”这招，我屡试不爽，我经常会建议把这个环节安排在会议或团建的第一个环节。我们需要提前准备一个团队画像的框架图，把团队中每个人的身体画在纸上，将脸的部分空出来。会议一开始，大家依次用笔把自己的脸画在相应的区域，并写上自己的基本信息，最终大家共创出一幅“全家福”。

【解决问题】会议、团建暖场，让团队成员彼此熟悉，互相了解

【视觉框架】

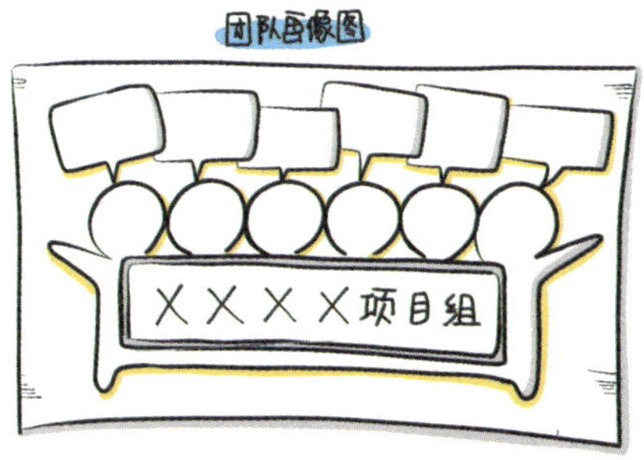

“团队画像图”的画法如下：

1. 工具准备

■ 大白纸一张：宽1m 左右，长度根据你要画的人数来决定。我用的是工程用纸，这种纸会厚一些，可以避免画人的时候墨水洇到墙上。

■ 笔：黑色、橙色的马克笔。

2. 画图

按照上图的样子，在大纸中间的部分写上项目组的名称。根据团队成员的个数，画出小人的身体和空白的脸。再在每个小人的上方，画一个空白的对话框，用来让团队成员填写自己的个人信息。

就是这么简单，一张“团队画像图”就做好了。可以看到这种会议框架图用到的也都是我们之前学过的基础图形，比如小人、图形框。所以，只要掌握了视觉化的思维方式，这些基础图形就可以千变万化，构造不同的视觉应用。

这个“团队画像图”并不是固定死的，如果你的团队成员比较多，那就可以把这些基础图形重新组合，就能成为一个可以承载更多人的“团队画像图”了。

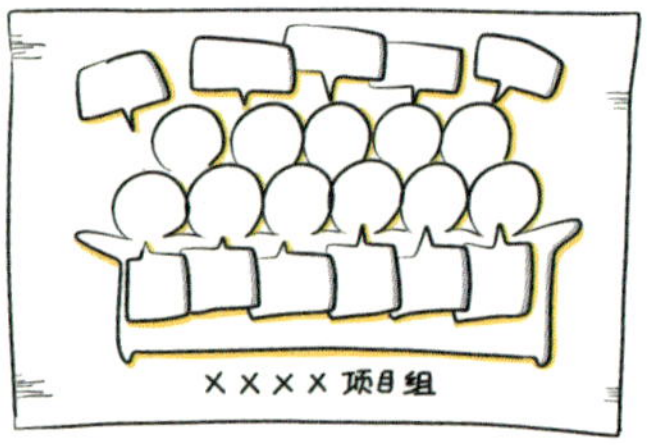

因为视觉会议用到的画纸比较大，所以在画好会议框架图后，可以先把纸张卷起来留作备用。

【操作过程】

会议前：

1. 张贴“团队画像图”

开会前，要把制作好的“团队画像图”平整地贴在会议室的墙上或者白板上。这样就能够让大家以非常直观的视角看到整张图的全景，而且稍后大家填充起来也会非常方便。

2. 规划会议时间

在会议筹备阶段还要规划好团队画像各环节的时间，比如：

开场介绍　3分钟

画像环节　20分钟

介绍个人信息环节　15分钟

你可以根据自己团队的人数规划每个环节的用时。在会议进行的时候，也要合理地把控时间，这样才能保证会议高效不拖沓。

3. 准备会议工具

为每位团队成员准备一些不同颜色的马克笔，在画脸和写个人信息的时候使用。当大家在纸上补充完自己的信息以后，整张画面的视觉冲击力会更强。

会议进行时：

1. 介绍会议主题，并对会议框架图进行说明

一进入会议室，大家都会被这张大图吸引。会议开始后，要有专人来主持，介绍会议的主题，并说明这张“团队画像图”的作用和玩法。

玩法介绍模板：

- 每个人选择一个空白的脸，用桌子上的马克笔在空白区域填充自己的画像，然后在相应的对话框里写出个人信息（具体写什么个人信息要提前告诉大家，比如姓名、岗位、特长、兴趣等，最好是能帮助大家彼此了解的信息）。
- 上去画的顺序随机，人如果不多就一个接一个地上去画，如果多就两三个人一起上去画。

■ 大家都画好后，轮流介绍自己的个人信息。

2. 画像环节

介绍完“团队画像图”的玩法以后，大家就可以画了。让团队成员拿起桌上的马克笔，选择一个小人画上自己的脸，并填充个人信息。

你可能会担心，大家会不好意思上去画，以我的经验来说，总有那么一两个人会迫不及待地抢着画。如果真的没有人想要第一个来，你可以先在旁边打个样，然后告诉他们画脸不过如此简单，大家看到了一个样本，自然就知道该怎么做了。

其实这个画像的环节是很轻松的，甚至可以放一些音乐来烘托气氛。大家在等待的过程中不需要坐在自己的座位上，而是可以随便走动去观察别人的画像和信息，彼此交流。在这些画像中，有的人画得很像自己，有的人则画得非常不像，这都没有关系，关键是大家全部参与进来，并且笑成一片。

在画像环节需要注意的是，画画容易让人忘记时间，所以主持人要非常注意对时间的把控，随时提醒大家剩余时间。

3. 介绍自己

团队画像完成以后，每个人轮流站在自己的画像旁边介绍自己，说说个人信息和自己在团队中的期待。你会发现通过画画的环节，大家已经非常放松，在这个环节就愿意分享更多有趣的内容。比如有人会说起自己的外号，有人会说起自己的业余爱好，还有人会说出自己在职场外的另一个身份。这些信息可都是平时在工作时间了解不到的。

通过一大幅集体共创的全家福和轻松的交流，团队成员之间更好地凝聚在一起，仿佛成了一家人。

会议结束后：

会议结束后，千万不要把这张全家福就这样扔掉了，那会非常可惜。可以将“团队画像图”贴在办公室的某面墙上，这可是你们这个项目组共同的美好回忆。或许在项目结束后你们举办的庆功会上，这张图还能派上用场哦。

加餐——团队画像使用升级版

团队画像还有一个延伸的使用方法，就是如果你的团队成员彼此之间已经非常熟悉了，“自我介绍”的环节就显得很多余。这时候，我们只要在原始的团队画像玩法上做出一些调整，就能让这张图变得更有意义。方法是在之前的步骤中减掉“自我介绍”的环节，再加入一个“队友印象”的环节。新的玩法如下：

1. 主持人介绍会议主题，并对“团队画像图”的玩法进行说明

这一步没有变化，只是主持人需要介绍新的玩法。

2. 画像环节

这一步也没有变化，每个人在大纸上选择一个小人的脸，填充自己的画像，并在相应的对话框里写下个人信息。

3. 队友印象

在这里减掉了之前的“自我介绍”环节，加入“队友印象”环节。因为我们现在的团队成员之间已经非常了解了，所以再做详细的自我介绍就没有必要了。加入的“队友印象”环节，是让团队成员相互用便利贴添加好友印象，以便队友之间更加全面深入地了解彼此。

具体的操作是，发给每个人一些便利贴，让大家在团队画像的大纸前来回走动，观察其他人的画像和个人信息。看到哪个成员，就可以在手里的便利贴上写下对这个成员的“队友印象”，也就是这个人在工作生活中给你的感受是什么。写好后把便利贴贴在这个成员的画像上即可。注意便利贴上的字要写得大而醒目，这样才能让大家都看清楚。

在这个环节结束的时候，每个人就收集到了来自其他所有队友对自己的“队友印象”贴，观察这些便利贴上的描述，每个人都可以了解到自己眼中的自己是什么样子，而别人眼中的自己又是什么样子的。

4. 讨论融合

主持人可以引导大家走到第一个人的画像前，看看都有什么样的印象贴纸，找几个不同的印象描述，让写的人说说为什么这样写，他们之间曾经发生过什么样的故事，就这样依次走下去。你可能想象不到，在这个过程中能挖掘出很多感人的故事。

记得在一次团队建设中我们也使用了这个画像环节，一个非常瘦小的女生被一个男生贴上了“强壮”的印象贴，大家都很好奇。那个男生解释道：“有一次我跟她一起执行活动，没想到活动前下起了暴雨，为了防止物料被弄湿，我们就必须把放在外面的物料箱搬到可以避雨的地方。但是，当时在那个区域内就只有我俩，本来觉得她是个女生帮不上什么忙的，但她二话没说，一搬就是好几个箱子。我们很快就搬完了那些物料箱，里面的物品都完好无损，但是我俩却被淋成了落汤鸡。那次真的让我挺感动的，她一个女孩子那么瘦小，一点儿都不怕淋，还搬了那么多的箱子，真的是挺强壮的。”

通过对这些印象的描述，大家加深了彼此之间的感情。我们平时对另外一个人的印象，往往就是由一些工作中的小事形成的。自己的认知往往是片面的，通过看别人写的印象贴、听别人讲的故事，就可以更加立体地认识团队中的每一个人。

你可能担心大家通过这种形式给别人贴标签，或者写一些不好的印象会让局面变得尴尬，但其实大家往往都非常友好。即使有了负面评价也没什么，我们只有看到真实的评价，才能更好地进步。更何况有些负面评价也许是因为误会产生的，说出来了反而可以消除彼此之间的隔阂。

好了，以上就是用团队画像帮助团队成员彼此了解的方法，以后你也可以尝试在会议中使用这张“团队画像图”来暖场，让大家像家人一样更好地聚合在一起。

二　用“团队目标规划图”制定团队目标及行动计划

团队组建后面对新项目要做的第一件事情是什么呢？应该是明确团队共同的目标和行动计划。

但在现实中，很多团队都是只了解到项目的一些基本信息，就开始进入执行环节了。这时候大家往往对于项目目标的理解是不一致的。

比如，你的团队接到一项负责宣传推广某网络课程的工作。目标看上去很明确，只要把网课的宣传做好就可以了，但团队中每个人对于“好”这个目标的理解不一样。有的人认为把自己负责的活动海报做好发出就算达成，有的人认为网课成交量达到10000+的数额才算达成。每个人对目标的理解不一致，会给项目后期的执行工作埋下隐患，这其实是项目管理中的一个大问题。

我们需要在项目启动时就让大家对目标达成共识，并且对如何达成目标有一个清晰的规划。这样在执行工作期间，团队成员之间才能更好地彼此合作。

在项目启动前使用视觉会议的形式就能解决这个问题，我们用一张“目标规划图”将团队的目标和实现路径进行可视化的呈现，由大家共同完成目标和计划的制定。

我们这次用到的“团队目标规划图”使用了旅程隐喻来表示项目朝着目标推进的过程。之所以使用旅程隐喻，是因为旅程是大家都有的经历，很容易产生共鸣。在一段旅程中，我们每个人都想要到达目的地，并且要规划如何到达那里，这和完成一个项目的过程非常吻合。我们把项目管理中的目标、计划、阻碍等相关问题放在这个隐喻当中，让大家共同把它填满，经过讨论后对目标计划达成共识。

【解决问题】团队成员共同制定项目目标和行动计划，并对结果达成共识

【视觉框架】

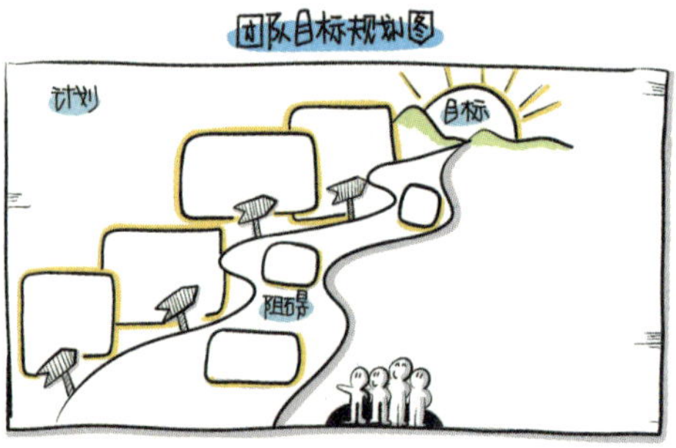

“团队目标规划图”的画法如下：

1. 画图所需工具

- 长1.5m、宽1m的工程用纸，纸张的大小可以根据会议人数和会场情况调整。
- 黑色、橙色、蓝色、绿色的马克笔。

2. 画图

本次视觉会议的目的，是帮助团队成员理清项目的目标、计划和阻碍，所以在画“目标规划图”时，我们用旅程中的路径代表项目的执行过程，远处的太阳代表目标，箭头路牌代表一步步的行动计划，在路径中间画一些图形框来代表项目执行可能会遇到的阻碍。

需要注意的是，要把目标、计划、阻碍的部分留出足够的空白，这些空白是需要大家在会议上用便利贴或文字去填充的。

【操作过程】

会议前：

1. 张贴目标规划图

开会前，把制作好的“团队目标规划图”平整地贴在会议室的墙上或者白板上。

2. 规划会议时间

规划好每个环节的讨论用时，参考时间为：

开场介绍 3分钟

目标讨论 35分钟

行动计划讨论 25分钟

阻碍及对策讨论 25分钟

你可以根据自己的实际情况调整各个环节用时，在开会时合理地把控时间。

3. 准备会议工具

为每位团队成员准备一支黑色马克笔和若干便利贴。

会议进行时：

1. 介绍会议主题，并对会议框架图进行说明

先由主持人跟大家介绍会议的主题，并讲解“目标规划图”的玩法。

2. 团队成员共同制定项目目标

- 让大家2～3人一组讨论当前项目的目标。
- 每个小组将讨论的结果写在便利贴上，贴在图中“太阳”下的空白区域，并陈述理由（这样我们就收集到了团队成员对于项目目标的不同意见）。

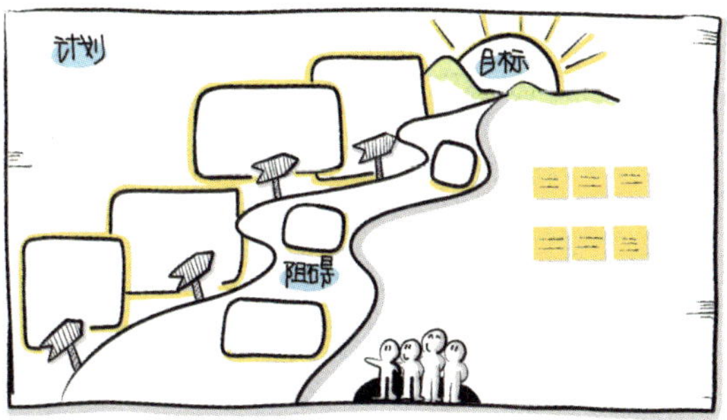

- 所有小组做完陈述以后，会议主持将相同的目标归类到一起。
- 最后由团队成员用不干胶圆点投票选出最理想的目标，把写着这个目标的便利贴贴在“目标规划图”中太阳的位置上。

注意：大家制定的目标要清晰具体，必须符合SMART原则。比如“我们

要完成 ×× 网课的宣传推广任务”就不是一个清晰的目标。而“在6月30日前，让 ×× 网课的报名人数达到20000人”才算是一个清晰的目标。

经过这个环节，大家共同制定出了一个清晰而明确的项目目标，这个目标有具体的完成期限和可衡量的数字，对于以后团队成员的工作有很大的推动作用。

3. 梳理行动计划

在“目标规划图”中，这条通向远处目标的路径被路牌分成了几个板块。在梳理行动计划的环节，我们需要明确这些板块的名称，然后让大家头脑风暴每个板块中的行动措施。具体的板块划分，要根据你的项目内容和具体的目标来定。

举个例子，如果我们定下的目标为“在6月30日前，让 ×× 网课的报名人数达到20000人”。为了实现网课的这个推广目标，我们就可以把路径分为课程定位、推广文案及海报、合作资源、二次传播机制四大板块。然后再针对每一个板块根据目标进行细化讨论，得出行动方案。比如，在合作资源板块，大家可能会想到跟红人大 V 合作推广、找一些跟网课相关的赞助商合作推广等方法，把这些方案都写在框架图中相应的位置就可以了。

关于方案不用讨论得过于细致，因为会议时间非常有限，此会议的目的是定出团队努力的大方向。在这个环节的最后，给每项讨论出来的方案定下相应的负责人，用马克笔把他们的名字写在对应的区域中，以便在会后有专人将这些想法做进一步细化，形成可落地执行的方案。

4. 讨论项目执行中可能遇到的阻碍及解决办法

让团队成员想一想有没有什么阻碍目标达成的问题，或是以往在项目执行中遭遇过的困难，把它们写在路径中间的图形框内，并逐一商讨解决方案。

团队成员通过一起填充这张“目标规划图”，对项目目标达成了共识，对行动计划了然于心，然后就可以各司其职，积极地展开下一步行动了。

在会后，你可以将这张“团队目标规划图”稍做整理，扫描成图片，再配上一段关于会议结果的文字描述，发送给团队中的每个人留存。

三　用“团队吃青蛙图”将团队工作进展视觉化

学会了在项目的启动阶段，用“团队目标规划图”帮大家理清项目的目标和行动计划，那下面就到了具体的工作执行阶段了。

在执行阶段，项目组面临的最大问题就是工作滞后拖延的问题。不少公司的项目组内部都有开早会的习惯，在早会上把每个人当日计划要完成的工作说一遍，散会后，大家就各自展开工作。但往往事与愿违，大家总是会遇到突发情况和一些临时要去处理的事情，就这样很多本来很小的问题，被拖到红线区变成了大问题。因为没有合理安排工作的优先顺序以及工作进程不透明等，计划好的事情迟迟完成不了。

所以，我们需要一个工具，既能让大家明确自己工作的优先顺序，还能把这些工作的进展视觉化出来。于是我就创造了这张“团队吃青蛙图”，这个会议框架图结合了每天吃掉“三只青蛙”的时间管理方法，把它应用在团队中可以很好地提高团队成员的工作效率。

先来说说什么是“每天吃掉三只青蛙”吧。“每天吃掉三只青蛙”的概念是由美国作家崔西在他的时间管理书籍《吃掉那只青蛙》中提出的，也就是我们每天要完成最重要的三件事情。

这个原则非常符合意大利经济学家帕累托的80/20法则。每天只要完成最重要的20%的事情，就能获得80%的效果，而那20%的事情就是我们每天要做的三件事情。我之前一直把“每天吃掉三只青蛙”的方法运用在个人的时间管理系统中，但其实把它用在职场工作中同样有效。

有了这个理论，团队成员每天在开早会的时候，就不再需要列出一个很长的任务清单，而只要明确最重要的三件事情就可以了，而这三件事就是自己当天要吃掉的青蛙。然后，我们通过“团队吃青蛙图”将每个人的工作都视觉化出来，做完一项就拿掉一项，这样大家的工作进程也就实现了公开透明。

有了这张图，团队成员每天的工作就像是在玩打怪升级的游戏，非常有趣。下面就来具体说说有趣的“团队吃青蛙图”的制作和使用方法吧。

【解决问题】将团队成员的工作进展视觉化，提高工作效率

【视觉框架】

“团队吃青蛙图”的画法如下：

1. 工具准备

- 一张大的工程用纸，长、宽各1m左右。
- 黑色、绿色、橙色的马克笔各一支。

2. 画图

在大纸上先画出一个表格，纵向是团队成员的姓名，一人一行。横向是日期，一天一列。然后在图纸上画上一些跟青蛙和时间有关的图形，这样，一张“团队吃青蛙图”就做好了。

当然，你也可以根据自己团队的实际情况调整图中的内容，比如把以天为单位的日期变成以周为单位。

【操作过程】

1. 把“团队吃青蛙图”贴在项目组工作区域的墙上

2. 早会上的“三只青蛙”行动

在每天的早会上，根据项目的推进情况，每个人说出当日自己要吃掉的“三只青蛙”，也就是当天要完成的最重要的三件事情。然后把这三件事情分别写在三张便利贴上，贴在自己名字和日期对应的空格子中。贴的时候可以把这三件事做个排序。

比如今天是周一，肖晓就把自己的三张便利贴贴到了图中的位置，并且三张便利贴是根据工作的重要程度排序的。按照这种方法，所有人当日的工作清单就都被展示出来了。

3. 开始“吃青蛙”，吃掉一个就把相应的便利贴拿掉

大家按照便利贴上的顺序开始工作，每完成一项工作就把相应的便利贴从“团队吃青蛙图”上取下来，证明自己已经完成了这项工作。这样所有人的工作进展就一目了然。

需要注意的是，如果你在周一有一项工作没有完成，那这项工作的便利贴就始终贴在周一的位置上，直到之后的某天把它完成后才能取下来。

你可能会担心项目组中每个人的工作性质不太一样，有的人的工作非常复杂，有的人的工作相对简单，放在一起看会不会有什么问题？其实完全不用担心，这本来就是一个鼓励团队积极推进工作的游戏。在制定工作目标的时候，如果有些人的工作非常烦琐，那就让他把这项工作拆分成几个步骤，分别写在不同的便利贴上。

4. 奖惩措施

在快下班的时候，如果大家能够很清晰地看到“团队吃青蛙图”上还挂着谁的便利贴，就可以惩罚他去给大家买咖啡咯。

当然，除此之外你的团队可以想一些更有趣的奖惩措施，比如一天没完成就上交给组织5元钱作为团队基金。一段时间过后，你的团队就能拥有一笔“巨款”去吃顿大餐了。

“团队吃青蛙”的游戏，能够促使团队中的每个人去思考自己工作中最重要的事情是什么，从而把宝贵的时间和注意力放在重要的事上，而不是随手抓到什么事就去干什么。而且大家都能看到各自的工作进度，会有一种与时间赛跑的感觉。这样的方式可以大大提高团队的工作效率。

这个游戏比较适合在小型的项目团队中做，如果是非常大的团队，可以把大团队划分为不同的小组去玩，效果也是一样的。

四　一张“项目回顾图”，帮你打造有趣而温馨的项目总结会

我一直都觉得，能够跟团队成员一起并肩作战共同完成一个项目，是一件非常幸福的事情。因为在这个过程中，一定出现过很多的问题，但是大家却克服了各种艰难险阻达成了目标。在团队获得荣誉的同时，每个个体也得到了价值的提升，团队成员之间也会因为这段共同的经历，建立起不一样的情感。

所以，我们都愿意在项目结束后，一起坐下来回顾项目执行过程中的点点滴滴，收集那些好的执行经验，记住一些教训，为以后的工作提供指导。

但是，传统的项目总结会并不是我们喜欢的模样，基本上就是团队成员坐在会议室里，一个接一个地陈述自己负责的板块发生了什么，有哪些做得好的部分，又有哪些需要提升的部分。最后领导做个总结，大家再去聚个餐就算完事了。

我认为，这样的项目回顾并不是非常有价值的，因为听和说无法唤醒人们在项目执行中的所有感官记忆。如果让大家不仅听到，还能亲眼看到共同经历的点点滴滴，就可以收集到更有价值的经验分享。

采用视觉会议做项目总结会就是一个不错的选择。我们可以在会议前制作一张“项目回顾图”，让大家在会议中将项目执行期间发生的故事一个一个添加进去，这些故事最终会组成一个全景画面，把大家带入当时的场景中。这种形式能够激发每位团队成员都表达出自己内心的真实想法。

下面就来看看如何用“项目回顾图”展开一场有趣而又温馨的视觉项目总结会。

【解决问题】将项目回顾视觉化

【视觉框架】

“项目回顾图”的画法如下：

1. 工具准备

- 工程用纸，宽1m左右，长2～3米，纸的长度根据回顾的内容来决定，有可能要用到更长的纸。
- 黑色、黄色马克笔。

2. 画图

这次我们会画出一张不太一样的路径图，这条路径象征着团队成员执行项目达到目标的过程。

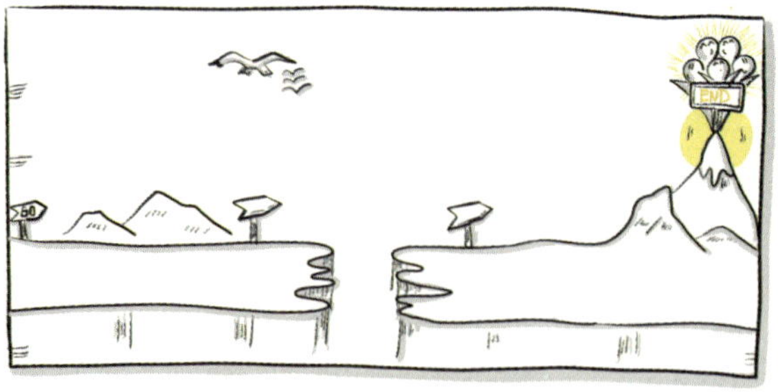

在路径中，先画出一个悬崖代表危机，大家可以将执行项目过程中出现的问题添加在这个区域里。然后再画一些路牌做时间标志，方便大家在会议上按照时间顺序去回顾。最后在终点部分画一个山峰，山峰上有几个小人代表团队成员爬上了山顶获得成功。

【操作过程】

会前准备：

1. 把提前画好的“项目回顾图”贴在会议室的大墙上。

2. 提前准备好足够的便利贴、签字笔和不同颜色的马克笔。

3. 在开会前的几日内提示大家：如果有关于这个项目比较有意义的照片，请打印出来带到现场。

会议进行时：

1. 会议主持人宣布会议主题，介绍“项目回顾图”的使用方法。

2. 把路径图上的路牌填好时间，让大家根据路牌时间的指引，一起边回顾边填充信息到这个框架图上。填充信息的方式有四种：

- 把自己觉得有纪念意义的事情写在便利贴上，贴到“项目回顾图”的相应位置上。
- 把自己认为有纪念意义的事情画到“项目回顾图”相应的空白部分上。
- 把项目中出现的危机事件和解决方案，写在便利贴上，贴在“项目回顾图”悬崖的区域内。
- 把自己带来的跟项目有关的照片贴在图中相应的区域上，也可以在照片旁边画一个对话框，写下这张照片记录了什么，或是自己的一些感悟。

在这个环节中，团队成员一起在“项目回顾图”上写写画画，写完以后就可以随便走走，看看同伴们都在干什么，这样会很有意思。大家可以用不同颜色的笔去添加内容，色彩可以激发出人们更多的灵感，同时，也会让这张回顾图更加漂亮。最终由大家用图形、文字、照片、色彩共创出的全景图，是带有温度和感情的。

3. 团队集体回顾

大家都写好后就回到座位上，从最左边贴第一张便利贴或照片的人开始做回顾讲解，说说自己写了些什么，当时发生了什么事情，有什么收获。然后按照时间顺序向右依次展开回顾，一直到“项目回顾图”最右边的山峰处为止。

通过“项目回顾图”来回顾一路走来的经历，让每个人都有了动手和发言的机会，因此大家会愿意讲出自己的真实体验和感受，也会非常愿意倾听其他人的故事。在会议的过程中，相信团队会收获无数的感动瞬间。

还记得吗？我们在前面学过一个“团队画像图”。如果你的团队在项目启动前一起做过团队画像，那就可以把它贴在“项目回顾图”的左边。此时此刻，团队成员已经共同经历了风雨的洗礼，对于彼此的了解也更加深刻了，如果还能看到大家最初在一起时的团队画像，一定能够勾起更多美好的回忆。

第三节　一页纸工作法在企业培训中的应用

在每个企业内部都有大大小小的培训，如果你是一名负责公司培训的 HR 或是企业讲师，肯定经常要操心如何调动员工对培训这件事的积极性。

培训本是一件好事，它可以帮助企业传递价值理念，帮助员工成长，提升个人竞争力。但是，很多员工对培训的态度却是排斥的。大家不喜欢培训的很大一部分原因是传统的培训过于枯燥，讲师一个人在台上按照 PPT 课件一页一页地讲，员工在下面边听边记笔记，讲师讲得很辛苦，员工听得也很累，这样的培训很难调动大家的积极性。

如果你是一名培训师或者是培训负责人正在策划一次员工的培训活动，不妨尝试在设计培训课程时加入一些视觉化的工具。视觉化的内容可以增加培训的趣味性和互动性，调动学员的全脑思维，帮助大家对所学内容进行理解与记忆。

其实，在一场培训的前期、中期、后期的环节设计中，我们都可以加入视觉元素。下面我会介绍一些具体的方法，你可以有选择地将其融合到自己的企业培训当中。如果这些案例能够给你注入灵感，激发出更多更好的培训创意，我也会非常开心。

一　培训前

每个人在接受培训之前，肯定心里都会生出一些疑问：这次学习的主题是什么？学这个对我来说有什么帮助？我能收获到什么？整场培训的时间是如何安排的？虽然这些问题在发布培训通知的时候会提及一些，但是大家还是想在到达培训现场后了解到更多的信息。

我们可以把重要的信息用图 + 文的形式画在大纸上，然后把大纸贴在墙上作为会场环境的布置。下面是几种常见的做法：

1. 用大纸画培训海报

相信拥有了视觉化思维方式的你，现在已经不需要去找设计师，也不需要花钱去打印店打印海报了。因为你自己就是设计师，所以可以随心所欲地把想法画出来。

在培训前，自己动手画一张大幅的培训海报，把它贴在培训场地的外面或入口处。海报由简单的图像和醒目的文字组成，一定要凸显出培训的主题。可以在海报上加上培训地点的文字及指示箭头，方便大家看到后找到会场。

2. 用一张大纸将培训主题和课程安排视觉化

我们可以做一张很大版面的课程安排，将它贴在培训场地的一面大墙上，让大家能够随时看到，轻松掌握课程的进度。

如果你的培训要持续2～3天，那将课程安排视觉化出来就显得更为必要了，这样你就创造了一张课程地图。学员们能够通过这张地图看到自己正在学习哪个部分，回顾之前学过的内容，了解未来的学习路径。

3. 用一张大纸做可视化签到区

以往在培训中的签到环节，大多都是以在签到本上签名的形式进行，其实可以把签到环节做得更有意思一些，让学员从签到这一刻起就体验到这是一场与众不同的培训。

方法是，在一张大纸上画一些和培训主题相关的视觉元素作为签到的视觉框架图，然后把它贴在墙上形成一面签到墙。签到时，学员们可以在签到墙上签名、画头像，还可以将自己对于本次活动的期待写在便利贴上，贴在签到墙的指定位置。

用这个方法既增加了培训开场前的互动，又收集到了学员对培训的期待。在培训师的课程体系中，很多都是理论性的内容，但是，学员往往更想听到面对一个具体问题要如何解决的实践案例。通过这样的互动方式，培训师就能了解到学员的心声，适当对培训内容做出调整，多讲一些大家关注的案例以及解决方案，从而打造出更受欢迎的培训活动。

二　培训中

在上一节中，你学到了一些用于视觉会议的视觉框架图和工具，其实这些方法也可以拿来用在企业培训当中。比如，提前画出课程框架图、用思维模型去讲解问题、使用便利贴增加互动性等。

1. 画出培训课程的视觉框架图

类似于视觉会议的框架图，我们也可以提前将培训内容的视觉框架画出来，而这张画好的图其实就相当于一个课程大纲。

培训师在讲课的过程中一边讲一边把重点信息填充到框架图中，最终形成了一张完整的课程内容记录。通过这样的一张大图，学员就能很轻松地了解课程的逻辑结构和重点信息。而且视觉化的方式能使学员在培训期间时刻保持专注，每个人都会期待将后面的空白格子填满，所以培训的进程是大家一起在推动的，整个过程就会非常顺畅。

我的朋友戴戴，就把视觉化的工具运用到了企业内训当中，她将内训的重点信息用图文相结合的方式呈现了出来，而需要大家学习记忆的信息则用图形框框了起来，留出空白。在培训期间，戴戴将培训的主要内容点写在便利贴上，并贴在相应的图形框里。就这样在3个小时的培训中，大家的互动性和专注度非常高，每个人都参与其中，很快就将团队精神记了下来。

这样的企业内训形式轻松有趣，最终得到了大家的一致认可。如果你的公司内训也是这个样子，相信就没有那么多人会抱怨培训枯燥无聊了。

2. 运用隐喻模型来授课

有些培训内容可能会涉及一些非常抽象难懂的概念，如果这样直接讲给学员听，大家是很难听懂的。我们可以使用隐喻图来帮助授课，把那些晦涩难懂的知识和大家已经熟悉的事物联系在一起，就好理解多了。

比如，讲到情绪、理智的时候很抽象，学员不容易理解，就可以借用《象与骑象人》中的隐喻来表现，把人们的情绪、本能反应看成大象，而人们的理性意识就是骑在大象背上的骑象人。骑象人无法完全控制大象的行为，他扮演的应该是一个顾问的角色。这个隐喻图让大家很直观地看到情绪和理智的关系，了解为什么人们会经常陷入理智与非理智的思想斗争中。

在培训和教学中适当地使用隐喻，可以很好地帮助学员理解、记忆知识。

3. 利用便利贴进行互动

便利贴是一种记录信息的载体，它可以来回移动不留痕迹，非常方便人们记录和分享想法。在培训中使用便利贴能够增加课堂的交互性，所以小小的便利贴一直是培训师的最爱。

在培训中，经常会有一些头脑风暴的环节让学员自己去思考问题的答案，这时候就可以让大家把自己的想法写在便利贴上，然后通过讨论对便利贴进行粘贴、移动、分组、选择，最终找到最佳的答案，学习过程就会变得像做游戏一样轻松了。

4. 在培训中同步做图像记录

在培训中，可以聘请一名图像记录师在培训期间做同步的视觉记录。图像记录师是一种新兴的职业，他们可以将讲师讲的培训内容用文字和图像结合的方式记录在一张大纸上，让学员不仅能够听到讲师的语言表达，还能同步看到相关的图像信息，从而更好地理解和记忆课程内容。

图像记录还有一个重要的功能，就是帮助大家做课程的复盘。图像记录师最终完成的作品，是承载着课程精华内容的完整大图，学员不仅可以看到当天培训内容的全貌，还能看到知识与知识之间的联系。通常在培训课程的最后一个环节，图像记录师会根据记录的内容，带领大家做一个从头到尾的回顾和总结，帮助学员将知识融会贯通。

三　培训后

在每次培训后，通常还要收集一些学员对课程的反馈。通过收集反馈信息，我们可以了解本次培训的效果和学员的深层需求，从而在下次培训中设计出更好的课程内容。

可以用一张大纸做一个意见收集的视觉框架图，培训结束后让学员在便利贴上写下自己的心得感悟以及对此次课程的评价，再将便利贴贴到框架图上。这样的结束方式充满了仪式感，会让每一个学员都印象深刻。

我用得最多的意见收集框架图是大树的形象，最初，我只需要在大纸上画出一棵大树的外轮廓和树干的部分。然后，发给学员一些苹果形状的便利贴，让大家把自己的感悟写好后贴到树干上，一会儿的工夫，本来空空如也的大树就变得硕果累累了。这个环节也象征着学员们在本次培训中收获满满。

以上就是将一页纸工作法运用在企业培训中的一些方法，希望能够给你带来启发。要特别提示一点，可视化的方法虽然好，但对于培训课程设计来说，最重要的还是内容，视觉工具只是课程内容的辅助，不要本末倒置了。

本章总结

一页纸搞定大问题——职场篇（团队）

第五章

一页纸搞定大问题——成长篇

（时间管理）

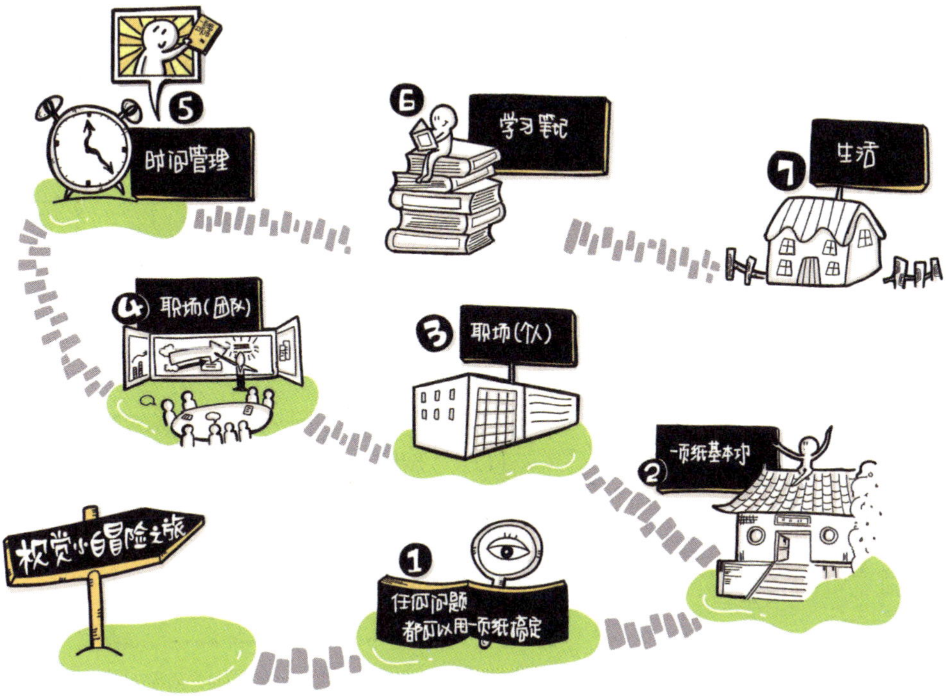

我们一起跨过了高山和大海，来到了一个新的关卡。至此你已经学会了将一页纸工作法应用在职场中，变身职场视觉达人了。在这一关中，我们要静下来关注内心，成长为更好的自己。

现在人们正处在一个发展变革的新时代，未来10年、20年的很多变化都可能超出想象。我们现在所从事的职业，可能几年以后就被淘汰了，现在所熟练掌握的技能，很可能几年以后就用不上了，我们需要不断成长以适应这个高速发展的社会。所谓的个人成长，就是要求我们保持终身学习的心态，不断地突破自我，完善自我。

在这个关卡，你将学会用一页纸工作法进行时间管理，从而可以在繁忙的现状中抽出时间践行个人成长。当我们把视觉化思维与个人成长融合在一起时，学习这件事情就会变得既轻松又有趣。

第一节　用一页纸工作法建立自己的目标管理系统

在个人成长的历程中，很多人遇到的最大坎儿就是时间不够用的问题，工作已经占据了我们大部分的时间，哪还有时间去学习成长呢？

现在越来越多的职场人士开始关注时间管理，想要通过时间管理拥有更多可以自由支配的时间。其实时间管理只是一种表达方式，时间是不能管理的，无论我们做什么，一天就只有24个小时，时间不会因为我们做任何事情而多出一点儿。在同一段时间里，我们选择了做这件事情就没法做那件事情，所以，时间管理的本质其实是一种选择，我们要选择把宝贵的时间用于做重要的事情，避免做无意义的事情。

那么，如何判定哪些事情是重要的，哪些事情又是无意义的呢？这就需要通过建立自己的愿景目标来设定标准了。只要目标明确了，所有与达成目标相关的事情就是重要的事情，无关的就是不重要的事情。确定清晰的目标是做好时间管理的第一个步骤。

但是，仅仅确定了愿景目标还不够，别着急问为什么，先来听听罗伯特·舒勒的故事。

罗伯特·舒勒是美国洛杉矶市一所教堂的神父，他曾长期露天布道，所以罗伯特神父的梦想是建造一座看起来没有屋顶和墙壁的水晶大教堂，让上帝的子民能够在宽敞明亮的教堂里倾听上帝的声音。

不久，罗伯特便找到美国著名建筑设计师菲利普·约翰逊说出了自己的梦想。菲利普听完以后说："建造这样的一座水晶大教堂，最少需要700万美元。"可这700万美元对于当时的罗伯特·舒勒来说，是一个超出他能力范围太多的数字。

但是罗伯特没有气馁，一天夜里，他拿出了一页白纸，在最上面写下了"700

万美元”，接着又写下10行字：

寻找1笔700万美元的捐款。

寻找7笔100万美元的捐款。

寻找14笔50万美元的捐款。

寻找28笔25万美元的捐款。

寻找70笔10万美元的捐款。

寻找100笔7万美元的捐款。

寻找140笔5万美元的捐款。

寻找280笔2.5万美元的捐款。

寻找700笔1万美元的捐款。

卖掉1万扇窗户，每扇700美元。

寻找到一笔700万美元的捐款很难，但是寻找若干笔小额捐款就相对容易一些。从此，罗伯特·舒勒开始了他坚持不懈的漫长募捐生涯。

第60天的时候，终于有一位富商被水晶大教堂奇特而美妙的模型所打动，罗伯特·舒勒得到了第一笔100万美元的捐款。到第90天的时候，一位被罗伯特孜孜以求精神所感动的陌生人，开出了一张100万美元的支票。到第二年的时候，罗伯特以每扇窗户500美元的价格请求美国人认购水晶大教堂的窗户，不足6个月，一万多扇窗户就全部认购完毕。

就这样，历时12年，直到1980年9月，耗资2000多万美元，罗伯特·舒勒梦想的水晶大教堂终于建成了。这所大教堂成了世界建筑史上的一个奇迹，也成为世界各地前往加州的人必去瞻仰的圣地。

现在故事讲完了，你从中学到了什么吗？

虽然不是每个人都可以像罗伯特·舒勒那样去建造一座水晶大教堂，但是每个人都应该拥有自己的梦想，去设计、追求并实现自己的梦想。刚开始我们的梦想可能是遥不可及的，看上去很难实现，但是，只要把它分解成多个容易达成的小目标，这样每天实现一点点，最终就可以将梦想变为现实了。

所以在我们的现实生活中，只给自己设定愿景目标还不够，我们还需要把愿景拆分细化，才能更好地将之实现。

于是我通过一页纸工作法建立了一套目标管理系统，这套系统包括愿景目标、月度计划、周计划、日清单四个部分。实际上就是用可视化的清单，将个人愿景按照月、周、日的层级逐步拆解细化。通过这个系统，我们可以将遥不可及的梦想转化为每一天的行动，并能时刻看到自己所处的位置。

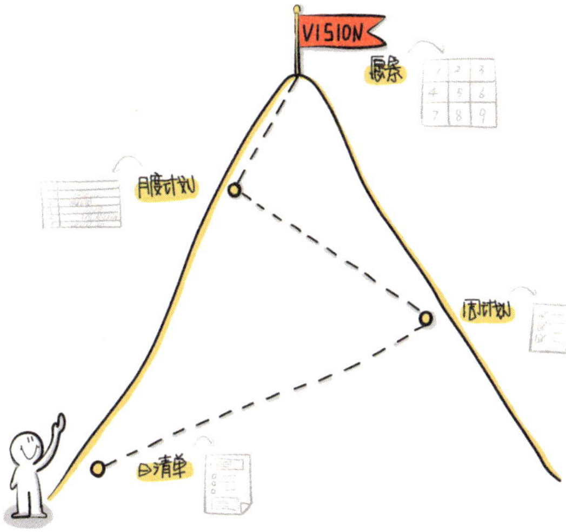

下面就来分享一下我的这套目标管理系统。

【解决问题】明确自己的愿景目标，将目标拆解细化到每天的行动中

【视觉框架】

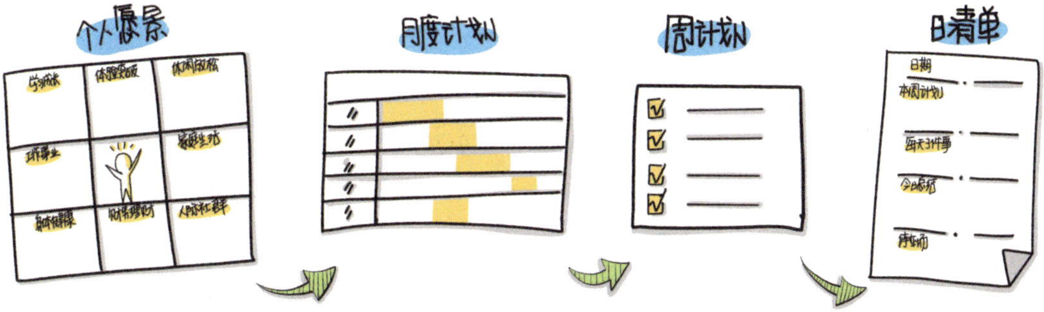

【操作过程】

这套目标管理系统需要我们周期性地制定自己的愿景目标、月度计划、周计划和每日清单，如果画在零散的纸张上很容易发生今天画了明天就找不到的情况，所以我建议你准备一个专门的本子记录这些内容，把它当作自己的时间管理手册。

你要在这个时间管理手册上，每天规划自己的每日清单，每周做一次周计划，每月做一次月度计划，而这个本子的第一页就是承载着你的愿景目标的人生九宫格。

我自己用的是一个A5大小的本子，未来我们要用这个本子画九宫格、甘特图和清单，所以初学者可以选择点阵内页的本子，点阵的设计不会束缚思考又方便画线。

你可能会说现在市面上有很多现成的日程本、效率手册等，买来做记录岂不是更方便一些？我会觉得那些本子的条条框框过于束缚自己，有时候想记的东西很多，但是本子上规定的区域却很小，根本记不下来。使用空白本子自己来定义功能就不会发生这种情况，我们有规划好的记录模板，又可以根据实际情况做些适当的调整，这才是最理想的效率手册。

一　愿景目标

频次：每年一次

时间：每年年底

视觉框架：

想要实现个人成长，首先要明确自己成长的方向，这样才能将时间花费在正确的地方。这一步其实我们已经做过了。还记得吗？在第三章梳理职场个人愿景的时候，我们已经用人生九宫格画出了自己的愿景目标。

对于个人成长，我们不应该片面理解为学习某项技能或者养成某个习惯，而是自身全方位的成长。我们要整体去规划人生九宫格中的工作事业、家庭生活、学习成长、体验突破、休闲放松、身体健康、财务理财和人际社群八个方面的目标，让生活达到平衡的状态。

所以我的时间管理原则是，合理分配自己的时间，满足人生九宫格中各方面的需求，达到自身全面的成长，从而拥有更加平衡而幸福的人生。

你现在就可以打开时间管理手册的第一页，把自己的愿景目标画上去，可以参考下面我画好的图。这样每当你打开这个本子，都能重温自己的梦想，反思到目前为止已经实现了哪些梦想，还有哪些没有实现，从而充满了动力。

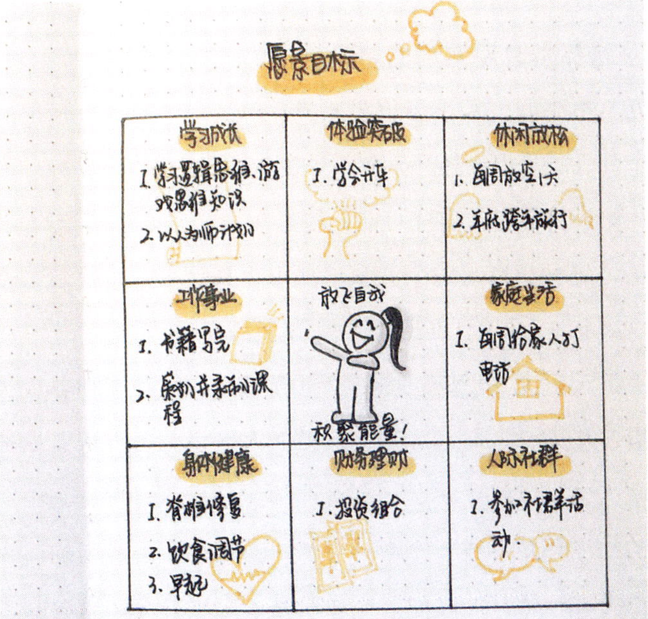

我们的愿景目标会随着时间的流逝和自身能力的提升而有所改变，所以建议每年年底都用人生九宫格为自己重新梳理一次愿景目标。关于九宫格的具体做法，可以回看第三章用一页纸梳理个人愿景目标的部分。

二 月度计划

频次：每月一次

时间：每月月末做下一个月的月度计划

视觉框架：

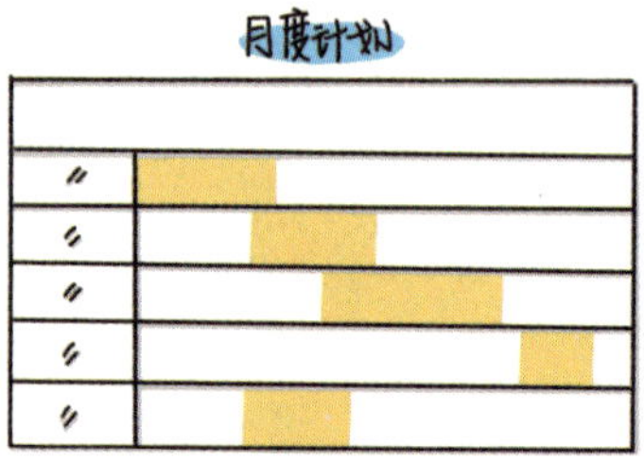

接下来我们要把人生九宫格中的愿景目标拆分到月度计划中来。每月的月底，你就可以打开时间管理手册，把本子纵向使用，用一整张新的版面来制作自己下一个月的月度计划。

第一步：选择本月要实现的愿景目标

之前在九宫格中我们写下了很多愿景，但是那些愿景不可能一下子全都实现，我们每个月只能从中选择几个放入月度计划当中去执行。

在所有的愿景目标中，有些可能比较好实现，比如，每周给家人打个电话、每周放空一天，这种很容易做到的事情就可以直接列入月度计划中，并在相应日期的格子里涂上颜色提醒自己到时间去做就好了。

但是像"每天阅读""每天早起""每天写作"这种习惯养成类的目标，对于一个还没有养成阅读、早起、写作习惯的人来说是一件很有挑战的事情，建议每个月只从人生九宫格中挑选一项这样的愿景放入月度计划中。因为无论是学习一项新的技能还是养成一个新的习惯，都是非常不容易的，我们要克服惰性，消耗意志力。一个月的时间只专注攻克一个难题会比较容易实现，目标太多反而哪个都实现不了。

第二步：用 SMART 原则细化愿景目标

愿景挑选出来以后，记得要先用 SMART 原则将愿景转化为可落地、可执行的计划。这部分可以画在本子的上半部分。比如，这个“学习逻辑思维方面的知识”的愿景现在并不是一个很落地的目标，我通过 SMART 原则将它转化为：在9月通过每天阅读逻辑思维方面的书籍1小时的方式学习相关知识，细化后的目标更有助于目标实现。

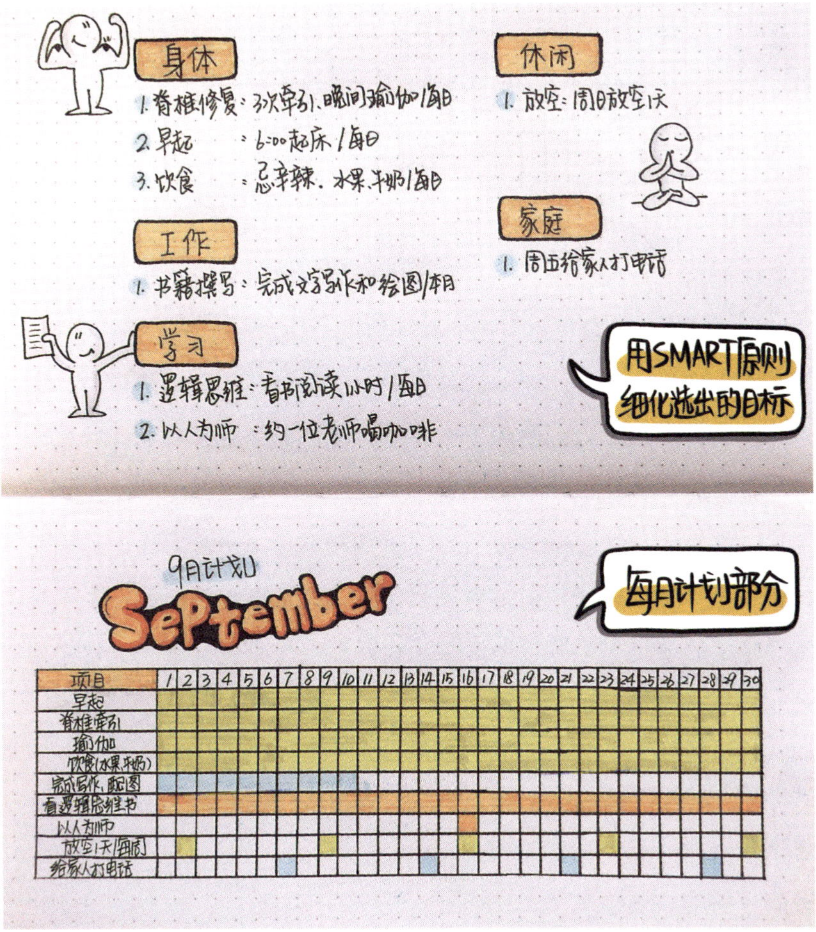

第三步：画出月度计划

接下来你就可以在本子的下半部分利用甘特图来画出自己的月度计划，甘特图的纵向是本月要执行的任务列表，横向是时间轴，最后把预计要完成的日期涂上颜色。

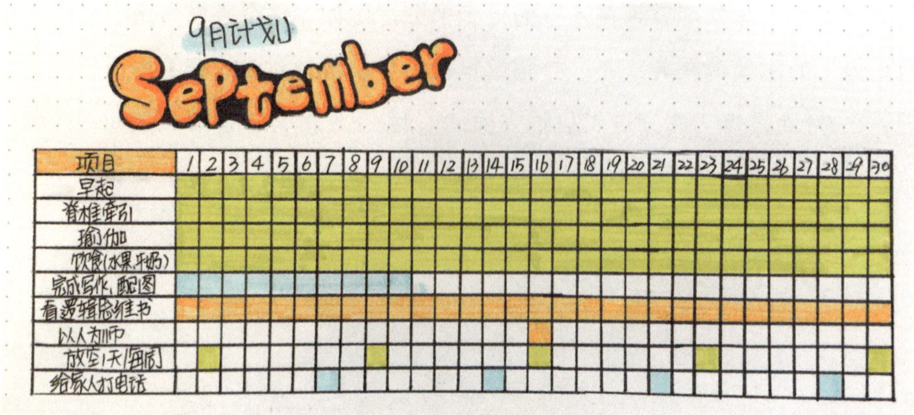

如果你使用了点阵型的本子，在这个环节画格子就会方便很多。在画月度计划的过程中，你还可以根据自己的喜好加入一些图形元素。

等到这个月的月末将计划中的目标全部实现以后，在月底就可以去人生九宫格中，选出新的愿景目标制作下个月的月度计划。就这样循环往复下去，直到将所有的愿景全部实现。

需要注意的是，实现一个愿景的时间也许不止一个月，比如养成阅读习惯可能只要一个月就可以了，但是养成写作的习惯就需要三个月，甚至更久。我们的原则是：如果上一个愿景还没有达成，那下个月就继续攻克这个愿景，直到达成为止。

三　周计划

频次：每周一次

时间：每周日更新

视觉框架：

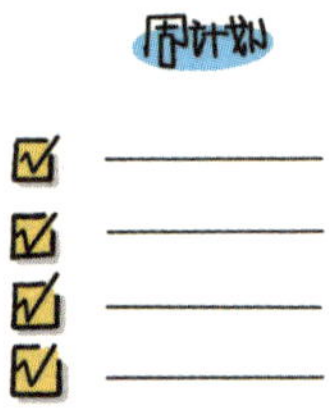

每周日根据月度计划和上一周的执行情况，以清单的形式列出下一周的任务安排。周计划不用单独使用一页呈现，只需占用每周一的“每日清单”的一部分区域即可（在每日清单部分会做具体介绍）。

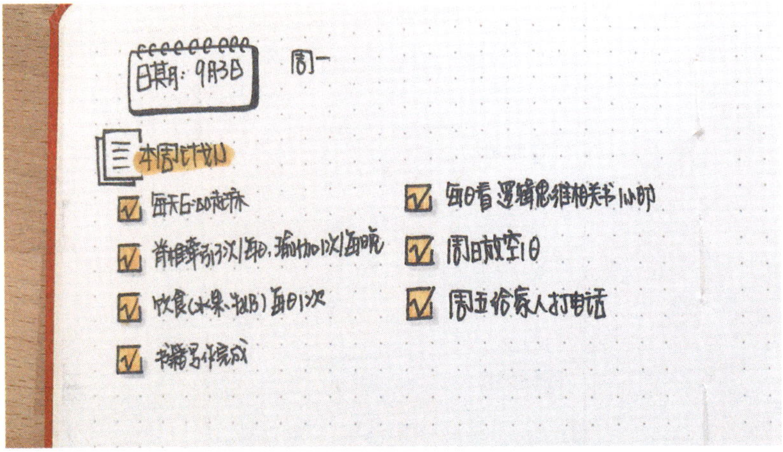

周计划的目的，是在更小的区间范围内把控目标达成的行动进度。这样我们每周都能对月度计划的完成进度进行核查，看看哪些工作滞后了，从而做出相应的调整。

假如在月度计划中有一项：用前两周的时间完成课件的撰写工作。但是，在第一周结束的时候，经过周总结发现之前的撰写速度过慢，如果按照这个速度肯定无法在规定时间完成，那就可以在下周的周计划中对写作速度做出调整，以保证按时完成任务。

四　每日清单

频次：每日一次

时间：每天早上更新

视觉框架

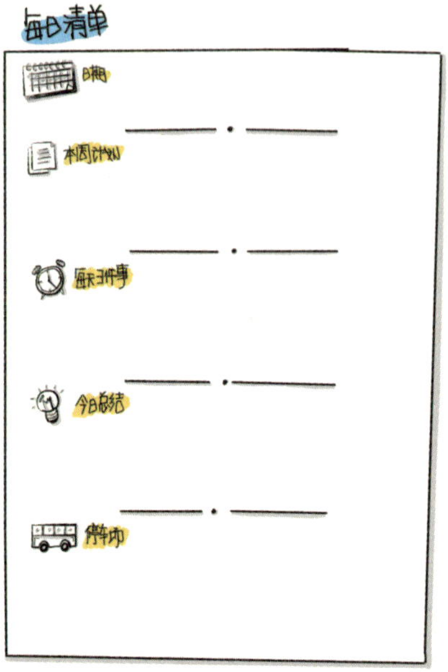

周计划做好以后，我们对本周要完成的事情做到了心中有数。接下来就是每日的落地执行了。为了能够让自己按照计划完成任务，我们每天都要制作一张“每日清单”。

你可能会觉得，怎么要画这么多的清单啊？把事情放在大脑中不是更方便吗？何必非要画出来那么麻烦？

但是成功者都是清单控，清单是我们必不可少的时间管理工具，它就像我们给自己画出的一张地图，让我们对每天的行程拥有掌控感。很多琐事如果不呈现出来，不仅会占用大脑内存，还会分散精力。所以在一天的伊始先不要着急工作，在时间管理手册中列出每日清单是最好的清空大脑的方式。

我们每天只要按照每日清单的模板填充内容就好了，周一的“每日清单”包括以下四个板块：

1. 本周计划

在周一的“每日清单”中，包含上周日做好的周计划，方便我们随时翻看本周最重要的事项是哪些。每完成一项内容，就在这一项后面画个“√”表示已完成。需要注意的是，“本周计划”只在周一呈现即可，其他六天则可以省略这个板块。

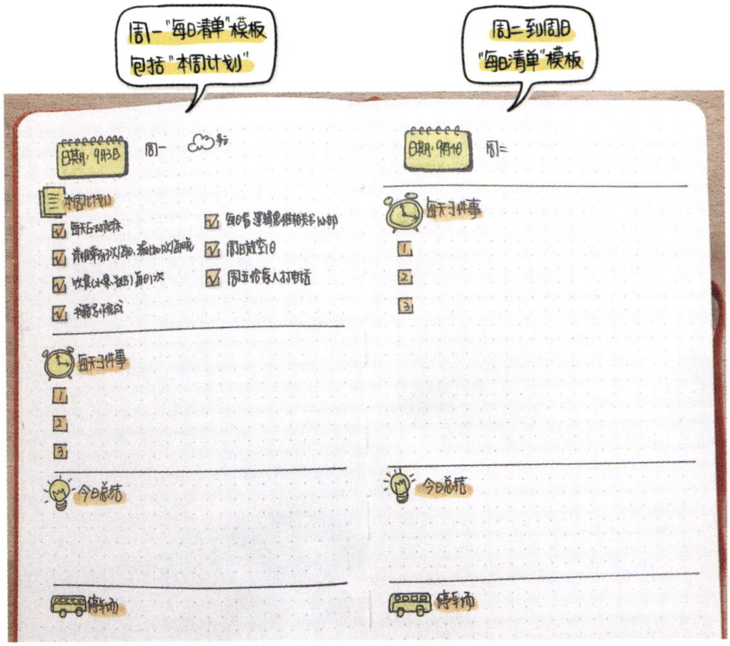

2. 每天三件事

根据周计划和自己的实际情况，列出当天最重要的三件事情。我的原则是，无论今天多么忙，又有多少临时的事情突然插入，被列出的这最重要的三件事一定要完成。

因为根据80/20法则，做20%最重要的事情就可以达到80%的效果，所以要想让一天的时间产出最大化，就要将每天最重要的三件事首先完成并做到最好。

需要注意的是，这里列出的每天三件事中一定要包含一个九宫格中的愿景事项。有很多人在每天三件事这个板块只列出重要的工作，想着做完工作有时间了再去完成愿景事项，但这样很可能就导致愿景事项被搁浅了。

对我们来说，实现人生九宫格中的事项才是最重要的事情，要把它们放在非常优先的级别。比如，我在学习视觉引导的那段日子里，自己的本职工作其实也不少，但是我的每天三件事中必然有一件是：做视觉相关的学习活动1小时。

这1小时画一篇视觉笔记也好，积累几个视觉元素也好，总之一定要留足这块时间完成自己的愿景事项。

3. 今日总结

通常我会在今日总结的框框里填入以下几个内容：

- 今天推进了哪些事情？
- 今天哪些事情拖延了？为什么？
- 今天有什么开心的事情发生？

“今日总结”是给自己做复盘的区域，复盘是个人成长历程中非常重要的环节。柳传志先生就说过：“一件事做完后无论成功与否，坐下来把当时预先的想法、中间出现的问题、为什么没达成目标等因素整理一遍，在下次做同样的事时，自然就能吸取上次的经验教训。”

每天的复盘能够让我们从一天的成功与失败中得到经验和教训，反思自身的问题，从而改进自己未来的表现。

我自己其实不光会做每日复盘，每周、每月、每年都会用思维导图或者写文章的方式去做复盘总结，我的复盘依据，就是时间管理手册中每一页的内容。这些大大小小的复盘让我积累了无数经验，也让我看到了自己的收获和进步。而且每一次的复盘，都为下一阶段更好地出发打下了坚实的基础。

在运行这个目标管理系统的过程中，你会发现所有的计划并不是一成不变的。随着一次次复盘，我们会经常调整计划，甚至在一段时间以后还会对原来的愿景有所调整。因为，只要我们一直在积极地成长进步，就会成为更好的自己，当你跨上了一个新的台阶以后，你会看到不一样的风景从而产生更高的愿景。愿景目标—计划—执行—复盘—新的愿景目标，这是一个持续上升的过程。

4. 停车场

我们都知道停车场是供汽车暂时停放的场所，在这里其实是一个隐喻，代表清单中的这个区域是用来存放一些临时性信息的。

我们在一天的工作和生活中，肯定会接收到一些临时性的信息或任务，有时候大脑也会突然冒出一些奇思妙想，如果马上去处理就会打断我们本来在做的事情，如果不马上处理，这些信息又会占用我们大脑的内存，这时候就可以把它记录在“停车场”这个板块中。等到我们把那些重要的事情做完后，再去处理“停车场”中的问题。

当我们把每日清单中的四个板块填满后，就成了下图的样子。

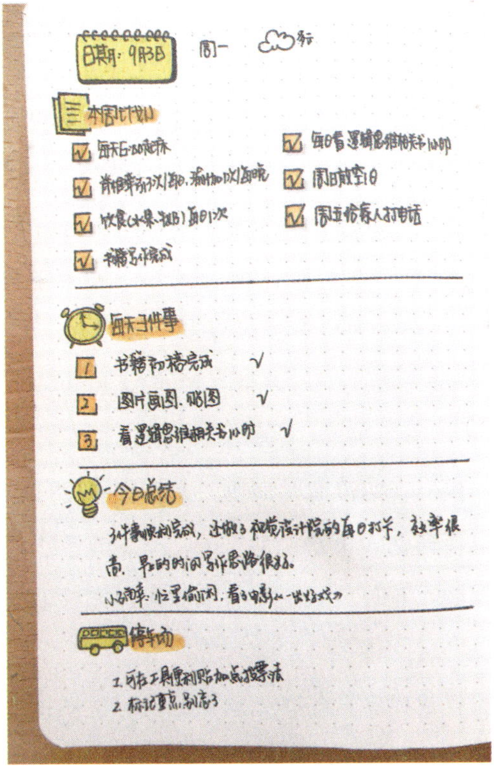

通过填写每日清单，我们把向目标前进的过程记录了下来。虽然每天做的可能就只有一点点，但正是无数个一点点的动作积累在了一起，才促使我们最终实现梦想。

以上就是我的目标管理系统，我用这些视觉化的图表清单创造了属于自己的时间管理手册，它帮我把遥不可及的愿景，分解成月度计划，再到周计划，最后到每一天的行动中来。因为有了这些清单，我才有了做事的标准，就不会浪费时间在无意义的事情上了。通过每天的实践，这套系统就能运转起来，从此你会实现一个又一个梦想。请相信我，你也会对自己制作的这本视觉化的时间管理手册爱不释手。

第二节　用一页纸工作法找到你的时间去向

前文说到时间管理的本质其实就是一种选择，我们要把宝贵的时间用于做重要的事情，避免做无意义的事情。通过上面的目标管理系统，我们已经明确了什么是重要的事情，这一步要做的，就是找到可以用在这些重要事情上的时间。

现在的职场人士大都非常忙碌，白天工作，晚上下班回家做饭、吃饭，一天基本上就过完了，赶上项目多的时候甚至要没白天没黑夜地工作。更何况有些职场妈妈、爸爸还要在工作之余“带娃”，就更没有时间考虑个人成长的事情了。

但是仔细想想，我们真的没有时间吗？其实很多时间都是在无意识的情况下被浪费掉了。你可以回忆一下自己的一天，一定有不少时间都用在了浏览网页、玩游戏、刷朋友圈、看短视频上，有多少人在家往沙发上一靠，一刷手机就是两三个小时呢？

我们现在要做的就是找出这些在无意识的情况下被挥霍掉的时间，把它们用于高效工作和实现人生九宫格中的愿景事项上。

《奇特的一生》一书中讲述了苏联昆虫学家柳比歇夫如何通过“时间统计法”在一生获得惊人成就的故事。柳比歇夫一生做的事情多到让人难以置信，他简直活出了好几个人的一生，而他的成功秘钥就是“时间统计法”。

我们可以模仿柳比歇夫的“时间统计法”，每天在一张纸上记录自己的时间开销，这样就能很清晰地看到时间的去向，有哪些时间用于工作了？哪些时间没有利用起来？哪些时间被挥霍掉了？这些数据一目了然。然后再通过对时间开销的分析与反思，更好地掌控时间。

【解决问题】记录自己的时间开销，找到时间的去向，从而合理地利用时间

【视觉框架】

在这个时间开销的视觉框架中包括日期、时间段、行动和用时几个部分。在最下方还设置了一个总结的板块，用于每日晚间分析自己的时间开销情况。

【操作过程】

1. 按照时间开销的视觉框架记录时间

从早上起床到晚上睡前，每做完一件事就记录一件事。

主要记录几点到几点，具体做了什么，用时多长时间。注意不要等到晚上再去凭回忆记录一天的时间开销，因为那时候你可能什么都记不得了。

2. 总结

每天晚上在总结的区域内统计当天的有效时间，并分析自己一天的时间使用情况。

总结和分析的过程很重要，通过分析和反思我们才能发现问题，并调整时间的支配。那么，如何对记录好的时间数据进行分析呢？

■ 关注自己的空白时段

刚开始记录时间时，我的时间开销是下图这个样子的。

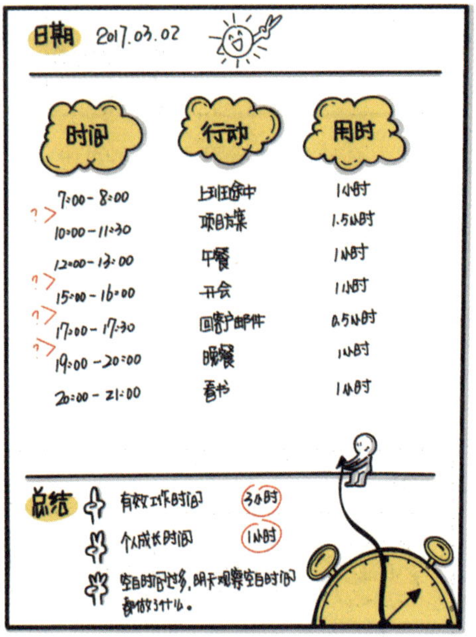

可以发现，虽然我做过的事情都被很清晰地记录了下来，但是上面却有很多空白的时间段。比如，上图中标记红色问号的时段：8:00—10:00、13:00—15:00、16:00—17:00等，这些时段我居然什么都没有记录。

这时候就要仔细回忆一下自己在这些空白时间段都做了什么，如果记不起来就在随后的几天留心观察。我当时就是通过记录和观察，发现自己由于早上起得晚，往往不吃早饭就去工作了。到了公司先跟同事嘻嘻哈哈地聊天，聊到

10点才正式开始工作。其他的空白时间段不是玩手机就是开小差了。

通过记录和观察我们可以看到一个真实的自己，原来忙碌只是表面现象，每天真正用于工作和成长的时间并没有多少，可能加起来就只有3～4个小时。所以不要再抱怨自己的时间不够用了，把那些空白时间段用于更有意义的事情吧。

■ 观察哪些时间可以重复利用

除了观察那些空白的时间段，你还要观察哪段时间是可以被重复利用的，在不影响做事效果的情况下，可以选择把两件事情一起做。

比如，每天上下班的通勤时间，与其用来在车上发呆、玩手机，还不如听听知识音频。这样等于上下班的2个小时被使用了两次，非常划算。

我自己就会在早上化妆的同时，听《得到》APP中《李翔商业内参》的音频，反正化妆的时候耳朵也是闲着的。别小看每天的这20分钟，长期积累下来我就能收集到不少写作素材和灵感呢。

■ 找到自己的高效时间段

通过观察记录，你还会发现自己在某个时间段总能专注地工作，而且非常高效，那这个时间段就是你的高效时间。

大多数人的高效时间段是在清晨和上午，也有人的高效时间段在晚间。了解到自己的高效时间段，以后就可以把当天最重要的事情放在这个时间段去做，效率就会更高了。

3. 持续记录两周的时间

我们虽然不用像柳比歇夫那样一生都在记录自己的时间开销，但是至少也要坚持记录两周的时间。在记录的同时不断总结，发现问题，慢慢调整，直到能够掌控自己的时间为止。

明确目标是做好时间管理的第一个步骤，记录时间开销就是时间管理的第二个步骤。通过将时间开销视觉化，你就能够很清晰地看到自己时间的去向，从之前根本意识不到时间的存在，到逐渐察觉时间的流逝，最后变成一个能够掌控时间的人。

经过这个阶段，你就能挤出不少时间用于实现人生九宫格中的愿景事项了。

第三节　用一页纸工作法打败三只小恶魔

现在你已经有了明确的目标和计划，也拥有了执行计划的时间，按理说应该就可以很顺利地达成愿景目标了。

但是在执行计划的过程中，你还会遭遇到几个很难对付的敌人，它们是拖延、3分钟热度和不专注。我把它们称为个人成长道路上的三只小恶魔。很多时候我们完不成计划，就是这三只小恶魔在捣鬼。

下面就分享一下我是如何运用一页纸工作法对付这三只小恶魔的，你会发现我们有时根本不需要画多么精美细致的图，而是只要简单勾勒几笔，就可以达到解决问题的目的了。

一　拖延

拖延魔是我们面临的第一只小恶魔，有时候目标计划就摆在那里，我们心里也知道这件事很重要，但就是会一拖再拖。人们在拖延魔上身的时候往往会带有懊恼、难受、焦虑的症状，但就是打心眼里不想动。

为什么我们明明不好受，却还要拖延呢？最大的原因就是自己面临的任务太大、太难。当人们面临一个非常困难的事情时往往不知所措，就会选择拖延。比如，在你的今日清单上有一个任务，要完成一篇6000字的论文。“6000字啊！怎么写啊？想起来就好烦，不如先玩会儿《王者荣耀》吧。”任务太大令人生畏，我们本能地就想做一些轻松容易的事情。

在面对一个很大、很困难的目标时，就可以拿出一张纸和一支笔，画一个简版的思维导图，把大任务拆分成若干个小任务，就不会想要拖延了。

【解决问题】面临的任务太大、太难，总想拖延

【视觉框架】

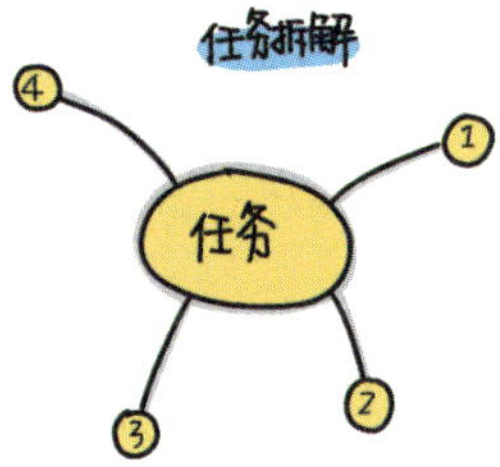

【操作过程】

以写6000字论文这个任务为例，一下子写出6000字的论文确实不太容易，我们可以画一张简版的思维导图把这件事拆分成5个步骤。

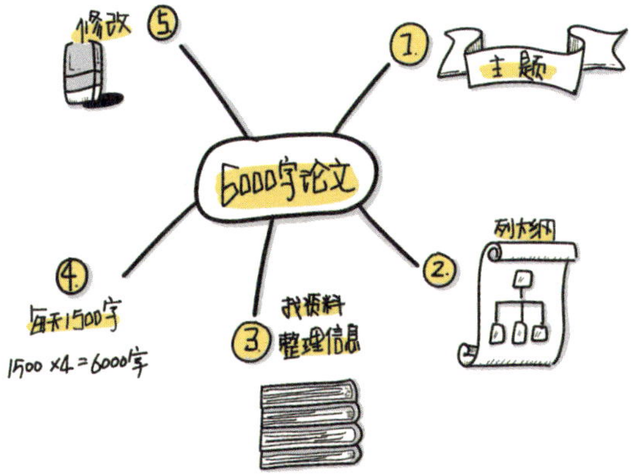

1. 定好论文主题。

2. 列出论文的大纲。

3. 去图书馆、网上找资料，整理写论文的信息。

4. 花4天的时间，每天写1500字。

5. 最后的修改。

拆解后的每个步骤都是可以在30分钟至2小时内搞定的事情，我们每天只把其中的一个步骤当作目标去完成就可以了。第1天定论文主题，第2天列论文大纲，第3天整理资料，第4天到第7天每天写1500字，第8天修改，这样一周多一点的时间论文就被搞定了。

任何复杂的事情都可以细化拆解成若干个小而明确的步骤，所以无论看起来多么困难的事情，都有解决的办法。如果你下次再因为某个目标太大而想要拖延，就试试这个办法。

另外想说的是面对拖延魔，我们还要摆正心态，告诉自己："如果不做，又怎么可能把事情做好呢？拖延只会浪费时间，让心情更糟，唯一的解决办法就是马上去面对。"所有的事情都是在做的过程中变得越来越好的，只有踏出第一步才会有变好的可能性。

二　3分钟热度

在你身上有没有发生过这样的情况：信心满满地给自己制定了每天阅读的目标，并怀着一颗热血沸腾的心去网上选购了一大堆的好书，收到书的前几天看得认真极了，可是一周过后就再也没碰过那些书了。

很多时候，我们给自己制定了非常美好的愿景目标和超完美的计划，但执行的时候却只有3分钟的热乎劲，过不了多久，这股劲就"凉凉"了。为什么会这样呢？因为大家都太想要速成，恨不得今天做了什么事情，明天就能看到效果；今天学了个什么技能，明天立马就能成为专家。

但在实际践行的过程中，我们的进步会慢到根本察觉不到，于是就会出现倦怠期，很容易选择放弃。其实学习任何一门技能都不可能一蹴而就，需要经过大量的刻意练习。这个练习的过程，是将学到的知识转化为自己的素养的过程，我们必须经历，谁也跳不过去。

所以要想克服3分钟热度，首先就要接受自己从笨拙走向卓越的漫长过程。除此之外，我们还可以设置一些反馈机制，鼓励自己的进步，为达成目标增加动力。

我的方法就是用一页纸制作一个欲望清单，把自己的月度目标和欲望清单中的物品关联起来，然后每达成一个目标就可以得到欲望清单中的一个奖励，以此来对付3分钟热度的问题。

【解决问题】激发达成目标的动力，避免做事3分钟热度

【视觉框架】

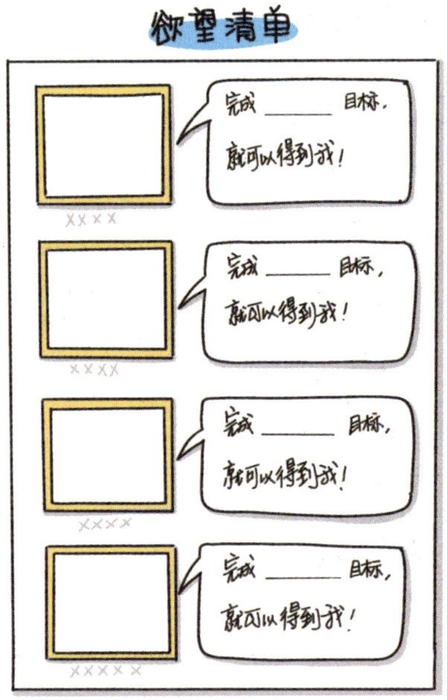

【操作过程】

1. 画出欲望清单的框架图

欲望清单框架图画起来非常简单，先在一页纸的左半部分画出一些方框，用来填充自己想要得到的物品。然后在每个方框的右侧都画出一个大大的对话框，用来填写自己想要达成的目标。

2. 填充欲望清单

就像下图显示的，你可以把自己想要买的衣服、鞋子、化妆品、各种设备都画在方框里，先忍着不买。在方框右侧的对话框中填写要得到每个物品需要达成的目标。然后在之后的日子里，每达成一个目标就满足自己欲望清单中的一个小欲望，买给自己相应的物品作为奖励。

注意目标的难易程度要和欲望的大小有所匹配，每完成一个小目标就满足一个小欲望，每完成一个大目标就满足一个大欲望，这就相当于你为自己设置了一套有趣的绩效考核机制。

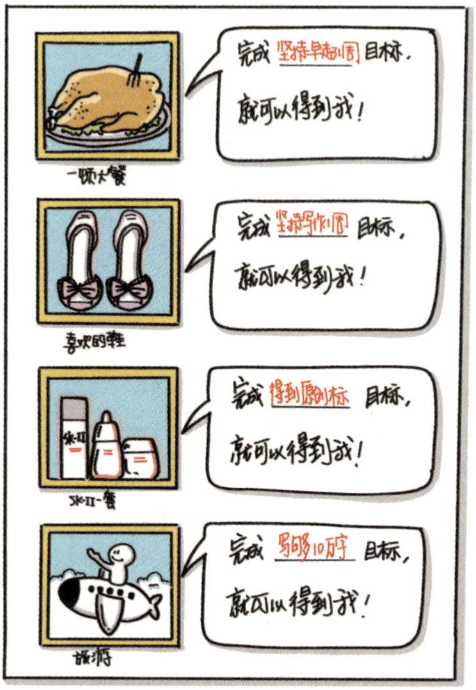

我在刚开始学习和养成写作习惯的那段日子里，就是靠着这个方法一直坚持下来的。写作不难，但是要坚持每天输出就很难了，意志薄弱的时候就很想偷懒。于是，我就给自己画出了欲望清单：坚持写作一周，我就奖励自己喜欢的那双鞋；拿到微信公众号的原创标就奖励自己一套 SK-II；写够了10万字就奖励自己一次旅行。正所谓意志不够奖品来凑，这个方法帮助我度过了坚持写作最困难的那段日子。

建立欲望清单，实际上就是为自己建立了一个即时反馈的机制。我们之所以觉得游戏世界比现实世界有趣，一个重要原因就是游戏世界里有更加完备的反馈机制。每打一个怪，就可以得到一些金币；每过一关，就可以得到新的装备；经验值够了，就可以升级变得更加强大。

但是一个人在突破自己的舒适区成长进化的过程中却是孤单寂寞的，这就更需要一种反馈机制的激励。利用这样一个欲望清单，让每次的进步都得到回报，我们就更容易坚持下去。

三　做事不专注

阻碍我们成长的第三只小恶魔，就是做事不专注。本来半个小时就能做完的工作，有时候因为分心两三个小时还做不完。工作、学习不够专注，其间总是分心去做别的事情，不仅会延长做事的时间，还会降低做事的质量。所以，我们必须拾起专注做事的能力。

专注是一种什么体验呢？我想你一定感受过。还记得我们小时候跟小朋友一起玩耍时的心境吗？完全投入当下的游戏中，忘记了时间和空间，以至于天黑了也感觉不到肚子饿，每次都是被爸妈拎回家吃饭的。

而专注的最高境界，就是达到心流的体验，可以忘记时间、忘记空间，进入一种忘我的状态。心流产生时，同时会伴有高度的幸福感及充实感，如果我们在平时的工作和学习中，也能保持专注进入心流的状态，那就厉害了！

我自己是时间管理的践行者，曾经尝试过很多保持专注的方法和工具，我认为最好用的还是番茄工作法。于是我就将番茄工作法和之前我们画过的每日清单结合在一起，帮我达到专注做事的状态。

【解决问题】做事不专注

【视觉框架】

我们不需要额外制作清单，在之前做过的每日清单上记录番茄钟即可。

【操作过程】

番茄工作法是每工作25分钟就休息5分钟的方法。用计时器计时，25分钟一到就马上进入休息时间。在倒计时的状态下我们的大脑会进入一种紧张且兴奋的状态中，从而保持专注。

1. 工具准备

- 写好的今日清单
- 笔
- 一个定时器（或手机计时 APP）

网上有不同样式的定时器可以购买，也可以在手机商店中搜索“番茄工作法”下载相关的 APP 帮助计时。

2. 在今日清单上记录番茄钟

根据“要事第一”原则，每天从今日清单中选出最重要的一件事情开始“吃番茄”。

把定时器开启，然后全神贯注地投入手头的事情当中。定时器走到25分钟就会响铃，你就已经“吃掉了一个番茄”，这时候立即在今日清单上画一个小番茄。假如我在之前的番茄钟里做的是“10月的分享主题策划”的工作，那我就在这个事项的后面画出一个番茄作为标记。每走完一个番茄钟就画一个番茄，如下图所示。

画完以后就可以进入5分钟的休息时间了。需要注意的是，休息期间一定要将工作暂时放下，不要再想上一个番茄钟或下一个番茄钟的内容，也不要打重要的电话或者刷手机，只是让大脑什么都不做地放松5分钟。

你可以离开办公椅进行小范围的散步，或是做一些肩颈运动放松一下，休息之后再决定接下来是继续进行同一个事项，还是切换到下一个事项。

3. 番茄钟被中断了怎么办

如果你是在办公室的环境下使用番茄工作法，可能经常会遇到被他人打断的情况。比如你正在一个番茄钟里写方案，你的同事跑过来拜托你做一件其他事情。

这时候请尽量保证番茄钟的完整性，可以先推迟对方的请求，把同事的事情列入今日清单的“停车场”内，不让它占据大脑的内存。等到这个番茄钟走完以后，再去想这件事该如何安排。

4. 在今日总结中加入对番茄钟的思考

一天过去后，你的今日清单上已经画上了不少番茄，这些记录有什么作用呢？

■ 合理预估时间

通过记录的番茄钟数据，你可以更合理地估算出每项任务的时长，从而对自己的时间更有掌控感。

■ 拆分项目

画番茄的时候，你会发现有的任务会花费你超过5个番茄钟的时间，这说明这个任务过于庞大，在以后的工作中应该把它拆分来做。在上一阶段我们也提到过，过于庞大复杂的工作容易让人想要拖延，使用简单的思维导图将复杂任务拆分为几个简单任务分别去计算番茄钟，会让你获得更多的满足感，工作起来也会更轻松和顺畅。

如此，用这个方法很完美地将今日清单和番茄工作法融合在了一起，让我们能够专注地完成今日清单中的一个又一个任务，同时还能随时看到自己的工作进程。

需要强调的一点是，想要做事保持专注，最好关掉手机的一切推送，必要的时候还要断网，切断一些干扰源。

以上就是打败拖延、3分钟热度、不专注这三只小恶魔的方法啦。在成长的道路上，会经历很多的艰难险阻，我们需要忍受寂寞孤独，变得更加自律。可能刚开始你觉得自己已经很努力了，但是进步却不是很明显，这时候请不要着急，随着时间的积累就会产生复利效应，你的变化会超出想象。

第四节　用一页纸建立自己的仪式习惯

通过上面的时间管理方法，我们会变得非常自律，对时间也越来越有掌控感。经过一段时间的磨炼，当你已经不需要再通过那些工具来约束自己的时候，就可以进入一个更加高级的阶段，建立一套属于自己的仪式习惯。

仪式习惯就是每天在固定的时间，做一系列固定动作。比如之前你可能每天早上起来后才会去想，我是先去化妆还是先去看书呢？然后经过权衡选择一样去做。建立仪式习惯以后，你就有了一套自己的行为流程：起床—洗漱—喝温开水—化妆—阅读1小时—上班。

随后经过多日的重复，这些零散的动作就会固化，变成你的生活习惯。这就降低了因为反复决策而造成的精力损耗。我们可以在一页纸上画出自己一天的仪式习惯，并把它贴在可以随时看见的地方，帮我们养成良好的作息时间。

【解决问题】减少因为决策而造成的精力损耗，养成在固定时间做某事的好习惯

【视觉框架】

【操作过程】

1. 规划自己的仪式习惯内容

建立仪式习惯要遵守两个原则。

- 知道什么是自己现阶段最重要的事情。
- 把重要的事情安排在精力充沛的时间段去做。

大多数人的高效时段都在清晨和上午，我们最好把那些重要的事情或者特别费脑子的工作放在上午去做。然后根据原则和自己使用时间的规律，规划出各个时间段的具体安排。你可以参考下面的内容：

（6:00—7:00）

洗漱

喝一杯蜂蜜水

化妆，同时听知识音频

晨间唤醒瑜伽1节

（7:00—8:30）

早餐

阅读

整理今日待办事项

（9:00—11:30）

吃青蛙（3个番茄钟）

吃青蛙（2个番茄钟）

（11:30—13:30）

午餐

午休

（13:30—17:00）

开会、沟通等事项

吃青蛙（2个番茄钟）

机动时间

（17:00—20:00）

晚餐

休闲/健身

（20:00—22:00）

听课

阅读（1个番茄钟）

睡前瑜伽

（22:00—22:30）

每日总结

洗漱

这个仪式习惯内容结合了番茄工作法，1个番茄钟为25分钟工作加上5分钟的休息时间。“吃青蛙”指的是做今日清单中的事项和一些当天的重要工作。因为我们每天的工作都不太一样，所以就用“吃青蛙”来代表做重要的事情。

2. 画出自己的仪式习惯表

根据仪式习惯的视觉框架，把规划好的内容填充进去。

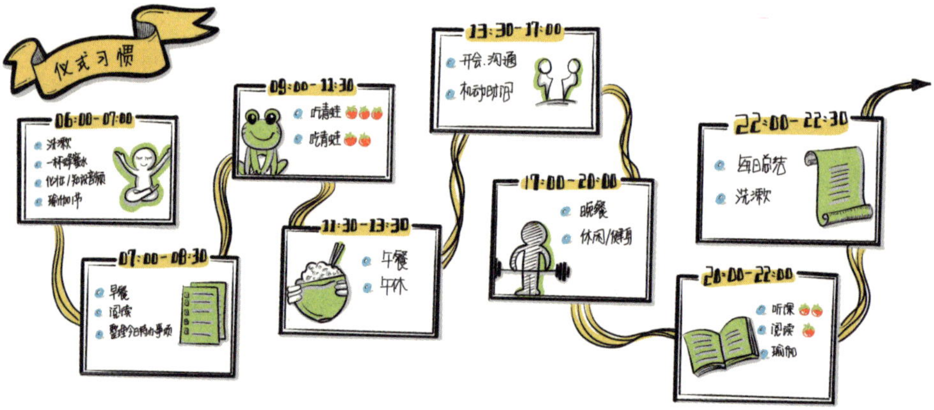

如上图所示，我们要将不同时间段的安排填充到对应的图形框里，最后用连接线将所有的图形框按照时间的顺序连接在一起，形成一个整体。

当然在这个简版的仪式习惯清单基础上，你还可以在标题和其他区域画一些和主题相关的图像元素，呈现出有自己特色的仪式习惯清单。

扫描二维码观看小视频

比如这张图是我曾经在本子上画的一个仪式习惯清单，在标题部分添加了自己的头像，还把标题内容放在了一个日历形状的框里，这样就更加突出了主题。我在其他的区域也添加了一些图形元素来丰富整张画面。你可以扫描图上的二维码观看我画图的完整小视频。

通过一张仪式习惯清单，我们可以把自己每天的行动固化，减少因为决策而造成的精力损耗，成为一名真正的时间掌控者。

我们在这一章中学到了很多时间管理的方法和可视化的清单工具，如果你是一个时间管理的小白，请不要一开始就把所有的方法和工具都用在自己身上，因为一下子使用太多可能会消化不了。

你可以按照建立目标管理系统—记录时间开销—建立仪式习惯清单的步骤来进行实践，每一步都给自己一段时间去体验和改进。在执行的过程中，遇到拖延、3分钟热度和不专注的问题，就用上面讲到的方法去应对。

想要从一个时间管理的小白，变身为时间的掌控者需要几个月的时间，过程中不要着急，只要按照方法循序渐进、多记录多反思，就可以变得越来越自律和强大。

本章总结

一页纸搞定大问题——成长篇（时间管理）

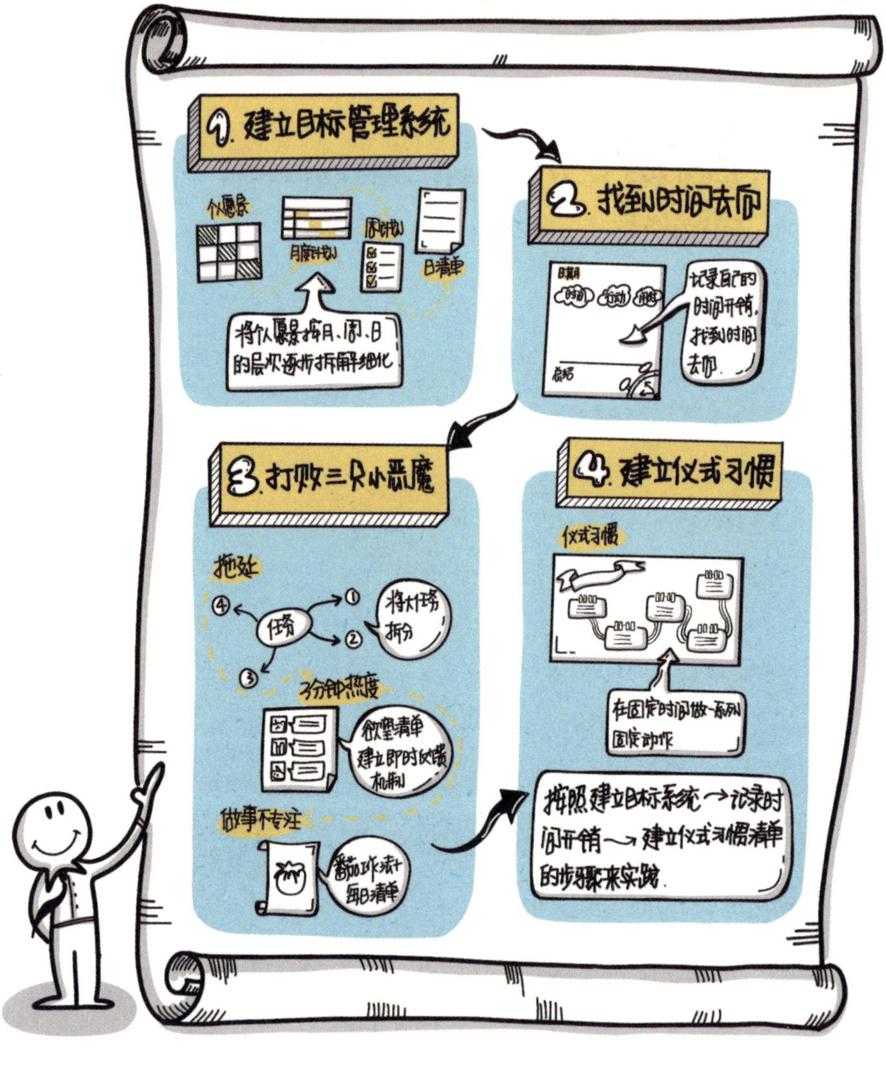

第六章

一页纸搞定大问题——成长篇

（学习笔记）

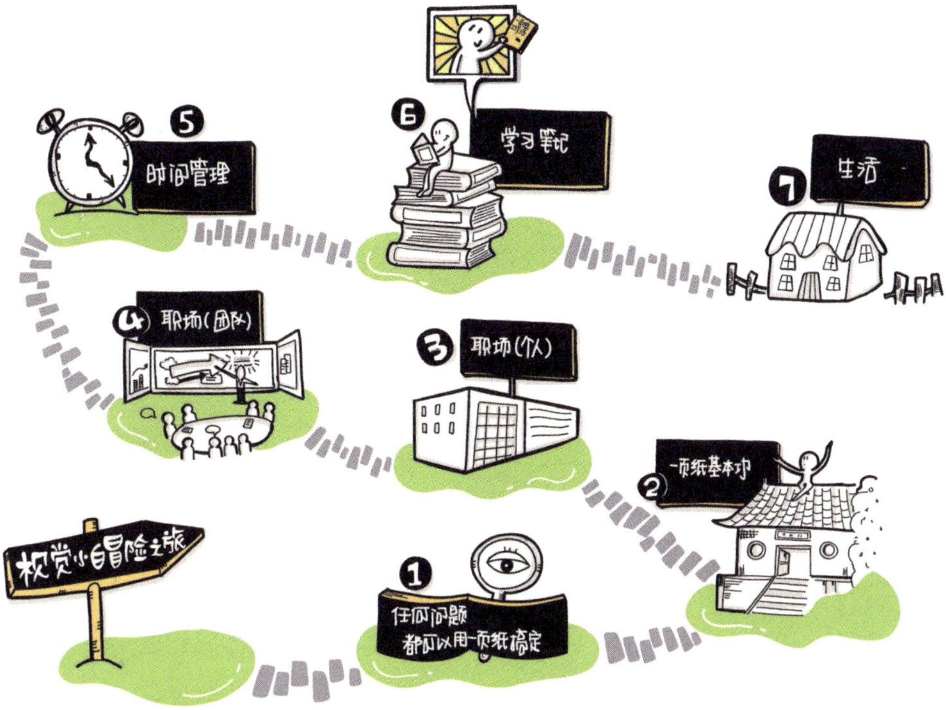

在个人成长的道路上，我们不仅要做好时间管理，还要学习新知。我们平时会通过各种途径获取知识，阅读、听课、参加培训都是获取知识的重要途径。但是你在“书读完了”“课听完了”以后最大的感受是什么呢？

相信很多人的回答都是：“记不住。”确实很多知识在学完以后没几天就会忘得一干二净。在前面讲到的一页纸工作法的一大好处，就是可以帮我们更好地记忆和理解知识，所以面对这种对学习内容不理解、记不住的问题，我们也可以用一页纸工作法来解决。

在这个关卡，你会学到一种用图像和文字相结合的方式去记笔记的方法——视觉笔记。视觉笔记和传统的线性笔记不同，我们在知识获取的过程中，通过将听到、看到的语言和文字转化为图像把知识和信息呈现出来，就能达到对知识充分理解和记忆的目的。

当然，视觉笔记不仅有助于我们自己学习知识，同时因为它好看、有趣、便于记忆的特点，也更有利于知识的传播和分享。

在下面的内容中，我会先用较多的篇幅来介绍视觉笔记的基础知识，然后再来展示如何将视觉笔记应用在读书、听课等知识获取的场景中。

第一节　你所不知道的神奇视觉笔记

一　什么是视觉笔记

相信你已经在自己的朋友圈、社交媒体上看到过视觉笔记的身影，最近视觉笔记非常流行。

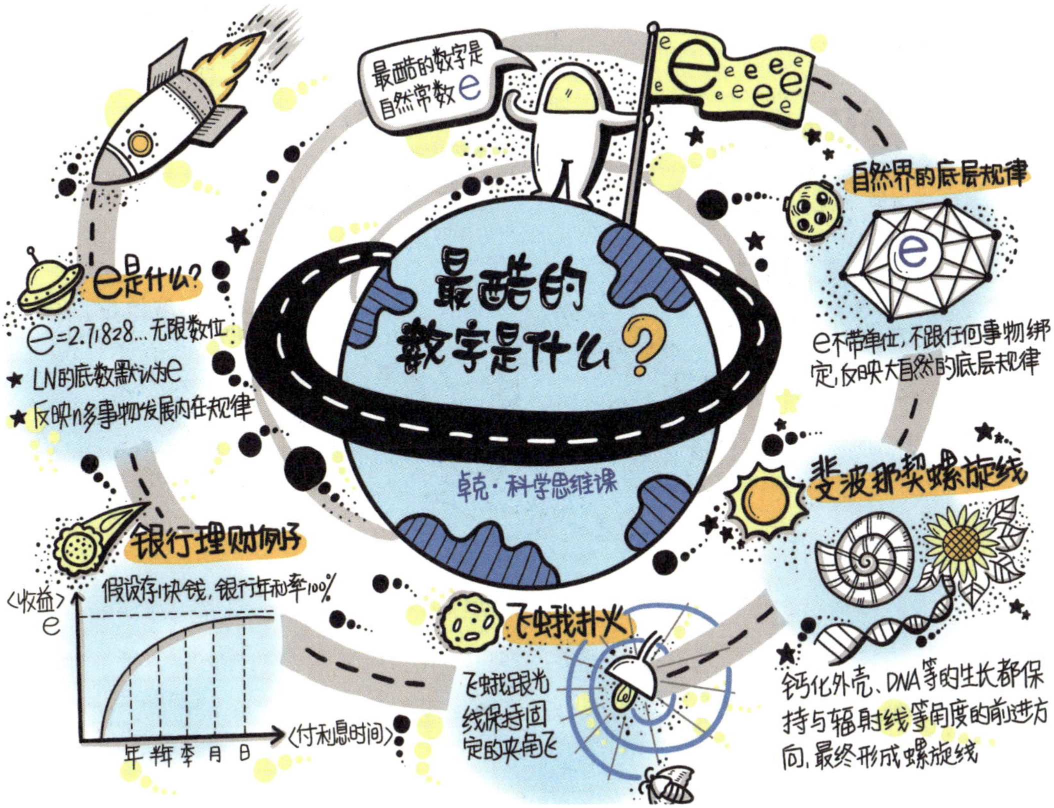

“这是画画吗？画得真好！”“如果我也能画出来就好了！”这是很多朋友在看到有趣有料、色彩鲜艳的视觉笔记时的心声。其实学做视觉笔记并不难，它是每个人都可以使用的视觉化思考工具。只要学会了视觉笔记，我们就可以更加轻松和高效地学习。

视觉笔记，其实就是用图像与文字相结合的方式去记笔记的方法，我们可以把它用来做读书笔记、听课笔记等。

上面这张图，是我曾经在听一个创业微课时同步做的视觉笔记，里面有重点的文字信息，也有配合文字的图形，你可以看到火柴头人、手指、飘带等非常简单的视觉元素。这种通过思考将图像与文字有机结合呈现知识和信息的形式就是视觉笔记。

你可能会有这样的疑问：“视觉笔记跟我们之前学过的一页纸工作法在职场上的应用有什么区别呢？”在第二章我就讲到过，一页纸工作法实际上是在解决两大类的问题，一类是问题解决类，另外一类是文字呈现类。

之前我们学习的一页纸工作法在职场、时间管理上的应用大多属于问题解决类，就是用特定的流程图、思维导图、甘特图等视觉框架去梳理思路，解决特定的问题。而现在要学习的视觉笔记，则属于文字呈现类，需要我们在阅读、听课、听演讲的同时将信息记录下来（其实之前做过的会议纪要在某种程度上也属于视觉笔记，记录了参会人员的重点发言信息）。视觉笔记呈现出来的内容更加丰富多彩。

究其本质，视觉笔记跟传统的线性笔记的作用是一样的，大家都是因为担心自己会把学过的知识忘记，就将重要的内容记在纸上以便日后翻看、复习。但是，视觉笔记相对于传统的线性笔记有着明显的优势，接下来我们就让一页纸的视觉笔记 PK 传统的线性笔记，看看它究竟有什么过人之处吧。

二　视觉笔记VS线性笔记

1. 更有助于知识的理解记忆

我们都在听课时做过笔记，以前做线性笔记时，通常都是别人说什么我们就记什么，有时候还来不及思考老师上一句的意思，就该记录下一句了。线性笔记无法促进我们在听课时同步思考记忆。

做视觉笔记则不同，因为要将语言、文字转化为图像，我们就必须在大脑中对最初的信息进行思考和加工，而后才能用手画出来。

这就好像有一个巨大的漏斗，我们的耳朵虽然听到了很多信息，但是最终呈现出来的，是通过漏斗过滤后最有用的精华部分。这个过滤的过程，就是我们的大脑进行深入思考的过程，能够帮助我们很好地梳理信息、理解知识。所以视觉笔记更有助于知识的理解与记忆。

2. 内容呈现全局性更强

传统线性笔记通常是文字的堆砌，往往我们一记就是好几大篇，翻到哪里“长”得都差不多。这样的笔记模式信息分散，让人看不到内容的整体性和信息与信息之间的关联性。视觉笔记因为只有一页纸，呈现内容的主题和逻辑一目了然，让人一看就懂。

不过有些人觉得记笔记最重要的就是要快，线性笔记只记文字，速度肯定要更快一些吧？其实不然，因为做视觉笔记时我们不会记录讲者的全部内容，而是将信息化繁为简、分类分层，只呈现最关键的内容，所以记录速度就会非常快。

3. 记后分享更受欢迎

抄过别人笔记的人肯定都有一个体验，那就是虽然你把别人的文字誊抄到了自己的本子上，但你还是不理解那些内容的真正含义。这就是我们经常说的，每个字我都认识，但是组合到一起却不认识了。因为你没听到讲者对信息的解读，自然会对这些文字摸不着头脑。

视觉笔记中则会加入做笔记人自己的理解，有场景、有图像的笔记，是带有感情的。即使是没有听讲的人，也能通过笔记中的图像自己脑补画面，从而更好地理解内容。视觉笔记还特别易于保存和分享，因为它只有一页纸，所以我们可以很方便地拍照、扫描并把图片存在手机中，想看的时候就随时查阅，想分享的时候又可以随时转发。

最重要的是，对于线性笔记大家都已经见怪不怪了，而对于视觉笔记则是爱不释手，图+文的笔记形式更有视觉冲击力，让人非常愿意翻看。试想一下，一本全是文字的教科书和一本有图、有文字的漫画书相比，你更愿意打开哪本书呢？

通过上面视觉笔记和线性笔记的对比，一页纸的视觉笔记不仅能够帮助我们记忆和理解学习内容，还可以更方便知识的传播与分享。反正我自己现在已经完全放弃了线性笔记，所有的学习内容都是用视觉笔记去记录的，它真的是协助个人成长、获取知识的好工具。

第二节 解构视觉笔记——视觉笔记的七大构成

我们在学习一个事物时，先要从宏观的角度去看清它的全局。学习视觉笔记也是一样，我们要先站在更高的视角去解构它，看看视觉笔记是由哪几部分组成的。

下图是一篇记录时间管理特训营课程5个阶段内容的视觉笔记，我们将它拆解后就可以看出，视觉笔记主要由七大部分组成。

它们分别是：

一、标题

二、图像

三、文字

四、项目符号

五、图形框

六、引导线

七、署名

这七大部分分布于一页纸的不同位置，你会发现在这七大构成中，有很多我们熟悉的身影，比如项目符号、图形框等基础元素。接下来我们就开始逐一进行解读。

一　标题

标题的作用是标明视觉笔记的核心内容。当我们浏览一篇视觉笔记的时候，肯定一上来会先去看它的标题，这样就可以了解到这一页纸到底讲述了什么内容，所以大标题一定要写得大而醒目。案例中的主标题的文字就是整张版面上最大最粗的几个字，非常显眼。

一般在标题部分我们会呈现以下几个信息：

1. 视觉笔记的主题

比如我的这篇视觉笔记的主标题是：时间管理特训营，看到的人就能马上知道这是一份关于时间管理特训营的课程内容记录。

2. 分享者的头像及姓名

如果你要记录一个讲者的培训或演讲内容，可以将分享者的头像及姓名也呈现出来。

3. 时间、地点

做这篇视觉笔记的时间、地点。

4. 跟主题相关的图像

除了文字，你还可以画一些和主题内容相关的图像。比如，在这篇视觉笔记中，主题是时间管理特训营，我就在标题部分搭配着画了一个代表时间的钟表，表盘就像一个赛道，时针是一个正在跑步的小人，分针带有 race 的字样。这样就能更加突出时间管理的概念。

另外还记得我们学过的飘带吗？常见的突出主题的方式就是用飘带做标题框，在我的很多视觉笔记中都能看到这种用法。

比如，在这张视觉笔记的标题部分，我就画出了分享者的头像，同时用一个橙色的飘带将讲者的分享标题框入其中，以此来达到突出主题的效果。

以上的四种信息不需要同时存在，你可以根据自己的实际应用有选择地在标题部分呈现。

二　图像

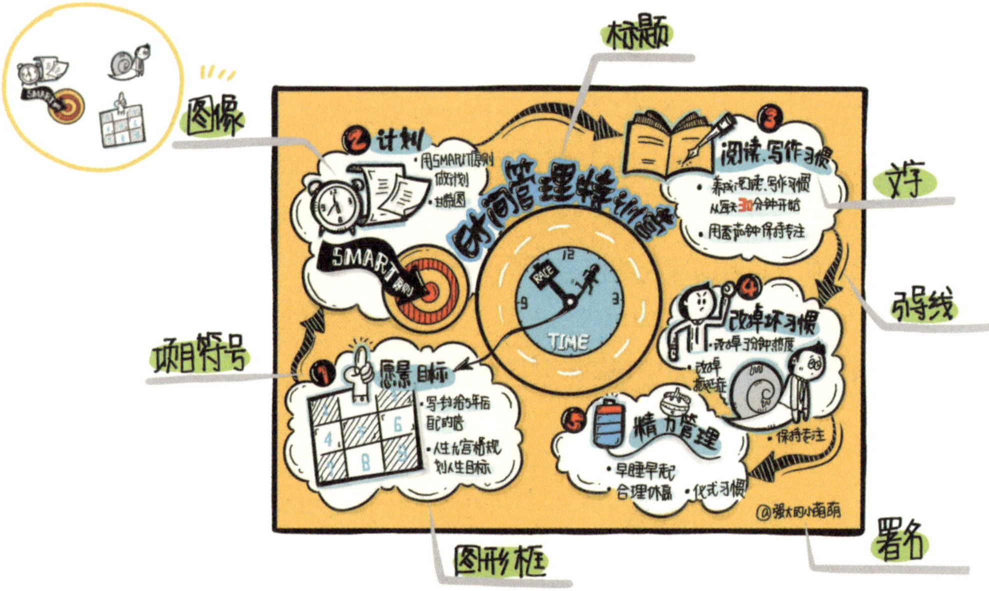

视觉笔记中图像的作用，是能够让自己和他人更好地理解和记忆知识，同时图像也可以让我们和他人产生情感联结。

在第二章中我讲过画图的方法和技巧，你学会了视觉元素的种子，也学到了利用简单图形画法画出一切物体，还学到了具体的名词和抽象词的联想画法。你需要在平时多去观察生活，养成随时将看到、听到、感受到的物体画在视觉元素收集本中的习惯，不断地丰富自己的视觉语言。

在这里我还要强调一点，我们在做视觉笔记时，并不是将文字简单地转化成图像。比如，你在听一场演讲的时候，不需要把讲者讲到的每一个词都转化成图像，而是要专注聆听讲者的内容，提炼出他想表达的重点信息，然后画出能够与他人产生情感联结的图像。

三　文字

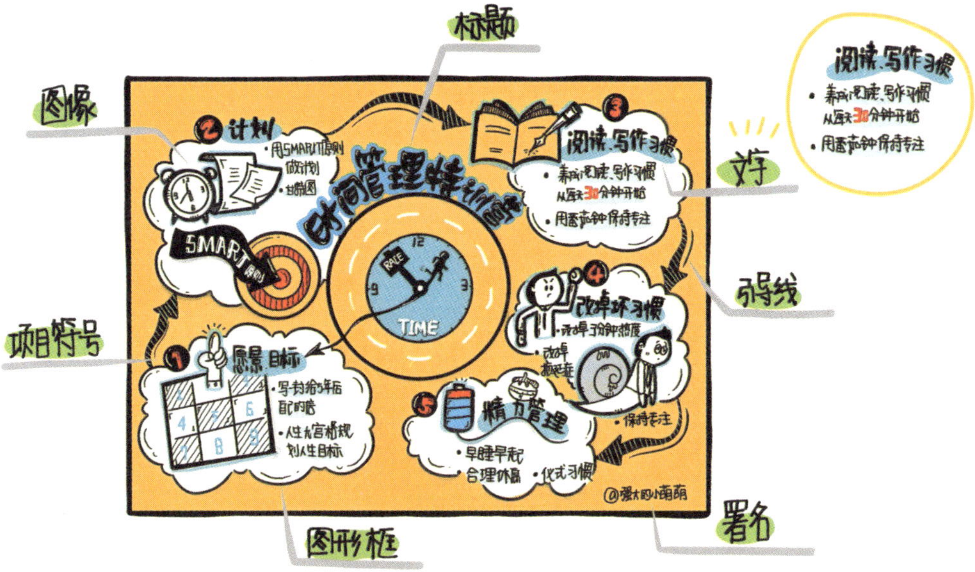

文字在视觉笔记中同样非常重要，它包括我们之前提到的主标题、副标题、二级标题的文字以及内容信息。在文字的呈现过程中，我们有几点需要特别注意：

1. 文字和图形同样重要

虽然我们学了很多图像的呈现技巧，但视觉笔记不是单纯地画画，只有图像和文字同时出现，才能让他人更好地理解我们要表达的信息内容。因为图像是发散的，能让人发挥无限的想象力，而文字是收敛的，只有文字才能使人更精准地理解信息。所以千万不要忽略文字的重要性。

假如我刚刚画了一个灯泡想要表达“创意”，如果没有添加文字说明，别人就只能靠猜了。可能觉得这个“灯泡”的图形就是代表一个灯泡的意思，也可能把这个“灯泡”理解为能源或光源的意思，这样信息传达就出现了疏漏，可见文字的重要性。

适当地使用文字还有一个好处，就是你再也不用纠结自己画得像不像的问题了，因为只要你在画出的图像旁搭配上简单的文字说明，别人就能够很轻易地理解你想表达的意思。

2. 文字不在多，而在于精

很多人都担心，做视觉笔记会花费大量的时间。以往我们做线性笔记时只需要逐个去码文字就可以了，而视觉笔记又要写文字又要画图，岂不是要花上多一倍的时间？

事实恰恰相反，做视觉笔记的时间要相对短一些，因为我们不需要记录所有的文字内容，只要抓取到重点信息就可以了。之前就提到，我们在纸上画图的过程实际上就是大脑在思考的过程，这个思考不仅仅包含要将文字转化为图像需要动脑，还包含对信息的梳理和提炼需要动脑。

无论是看书、听别人演讲，还是听课，做出的视觉笔记，其实都要思考自己所呈现内容的文字层级与逻辑结构。

所以，你无须记录很多文字，只要记录最精华的那部分就可以了。

3. 文字要有层次感

文字要有层次感的意思是，我们的视觉笔记中通常会有主标题、二级标题和内容。如果文字大小都一样的话，就会让大家分不清内容的主次关系，所以，我们在写文字的时候要注意主标题最大，二级标题次之，内容更次，大概比例在3∶2∶1。

当然，你也可以用笔画粗细的变化来凸显主次关系，将主要的文字写粗一些，次要的文字写细一些。

四　项目符号

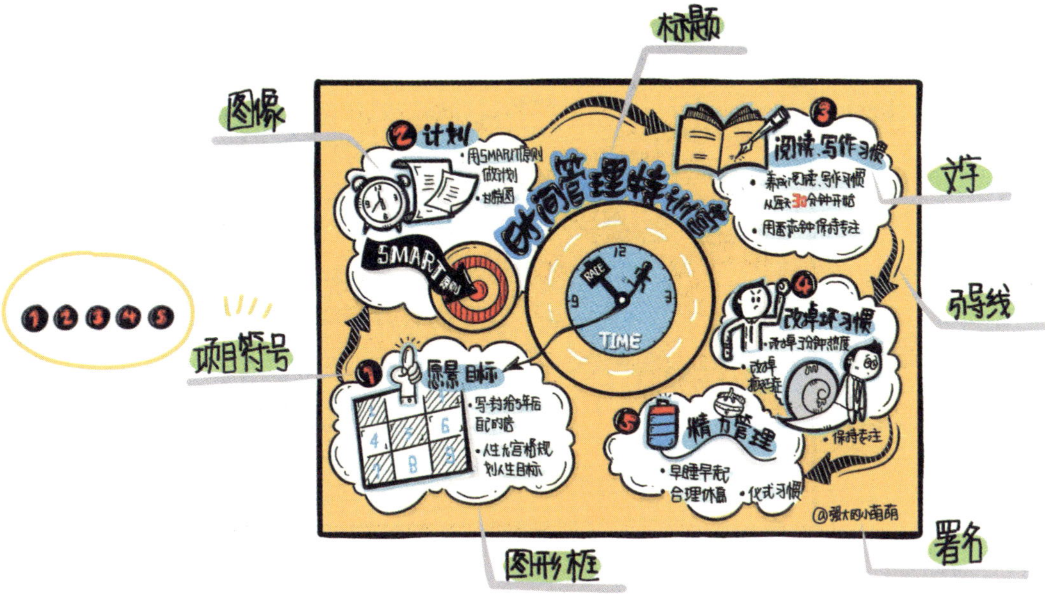

项目符号的作用就是标注同一层级的几条信息，带有数字、字母的项目符号还可以明确阅读顺序。所以很多时候，我们都会将项目符号用在二级标题中，就像案例中展示的这样，黑底红色数字的1、2、3、4、5非常显眼，大家看完主标题后，就能很轻松地按照项目符号的指示，按顺序依次阅读了。

项目符号属于一页纸工作法的基础图形，我们在前面也讲到过具体的画法，如果忘记了可以回去复习一下。

五　图形框

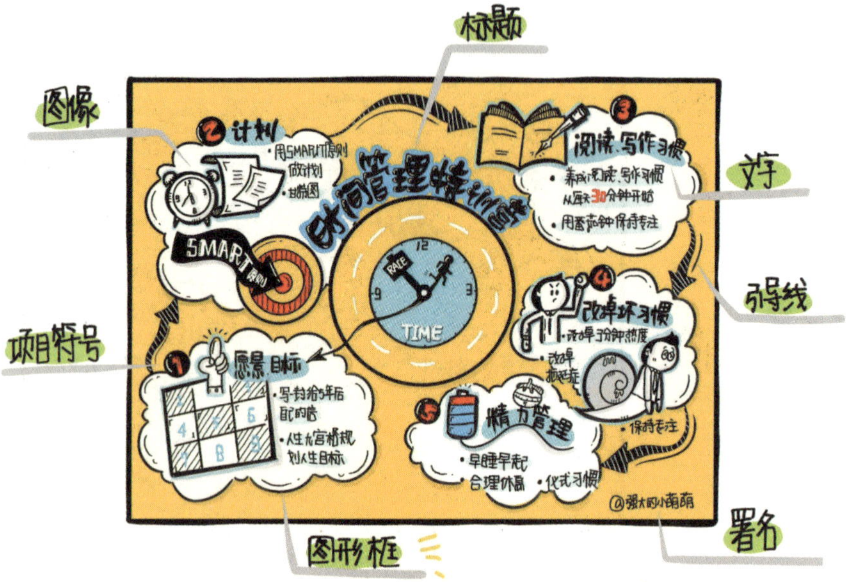

图形框的作用是，将表达一个统一内容的信息框在一起，与其他信息区分开来。

如果没有图形框，所有的文字、图像就只能在一页纸上挤在一起，画面会很乱，让人看不出层级与逻辑。用图形框把表达同一信息的图文圈起来，能够在画面中区隔出不同的信息块，这样一页纸被分成了几个区域，信息之间的逻辑关系就一目了然了。

在我们的这个案例中，五个云朵框将愿景目标、计划、阅读写作习惯、改掉坏习惯、精力管理五大部分做了有效的区隔，这篇视觉笔记的结构一下子就清晰了。

图形框也是一页纸工作法的基础图形，除了云朵框还有方形、心形、椭圆形等多种形态，可以选择适合主题的图形框使用在视觉笔记中。

六　引导线

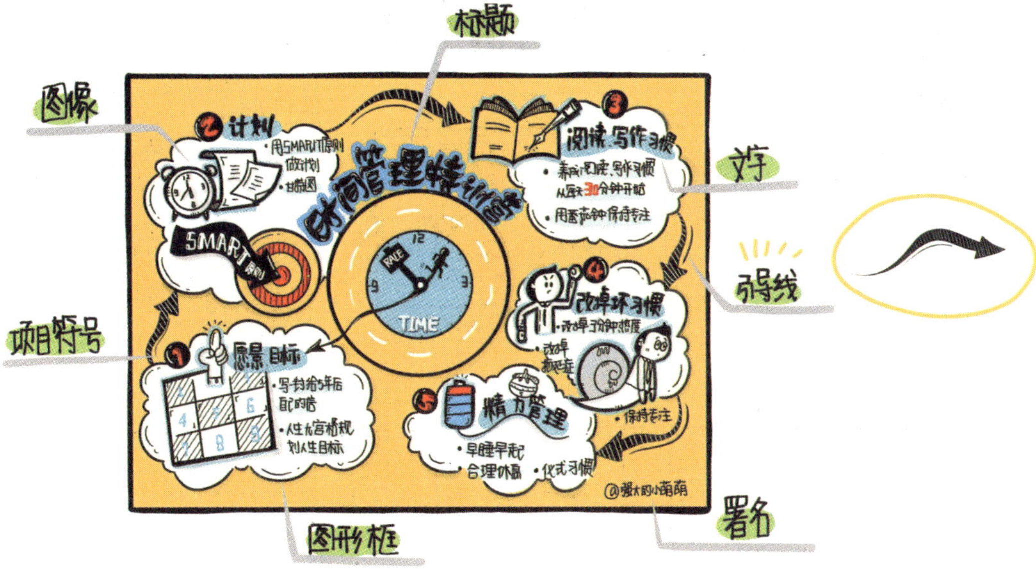

传统的线性笔记因为是一行一行的文字，所以我们会很自然地按照从左到右、从上到下的顺序去阅读。但视觉笔记由于有很多的图形和文字，还有不同的版式结构，有时候就很难分辨阅读的先后顺序。如果没有带有序号的项目符号标志，别人就更加不知道该从哪儿开始看起，也不知道该如何去阅读。

引导线就可以很好地解决这个问题，它在多个观点之间建立了一种联系，以此来引导读者的阅读顺序。案例中运用箭头来充当引导线，即使已经有了项目符号来标注顺序，但是引导线在画面中创造了一种流动感，能够很好地引领我们的眼球按照箭头的指向来运动。

引导线可以是箭头，也可以是实线、虚线、脚印，或是一条小路……

比如，这篇视觉笔记，讲者用徕卡（Leica）相机的案例为开头，所以，我就将他后面讲的四个创业项目分别画在了四个照片样子的图形框里，然后用一个胶卷作为引导线把它们串联在了一起。你可以根据视觉笔记的主题和内容想出不同的引导线的形式，只要它有所指向，能够清楚地展现视觉笔记的阅读顺序即可。

七 署名

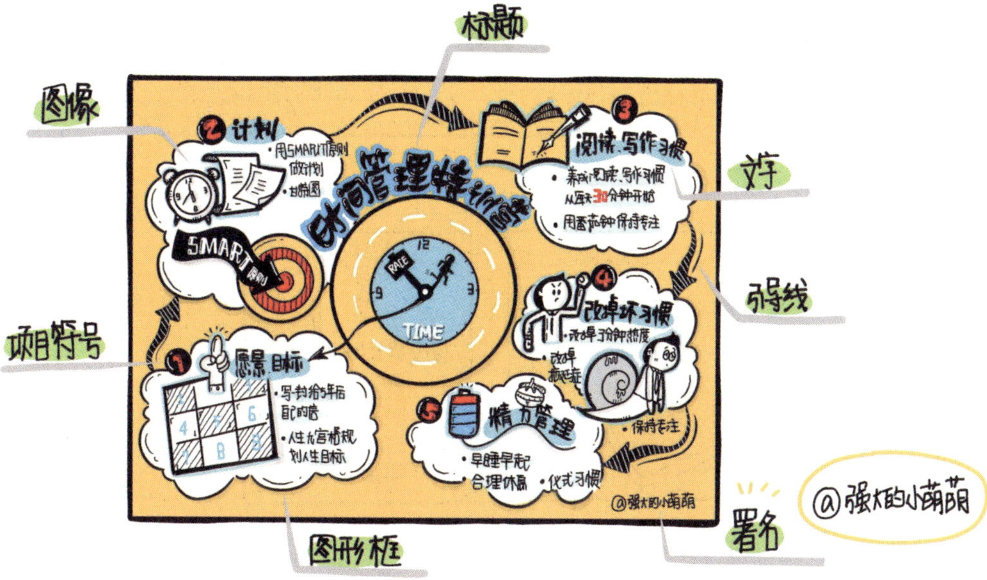

在做完视觉笔记后，你可以根据用途来选择是不是在作品上署名。如果你经常将署名后的视觉笔记分享到社交媒体上，也是一种非常好的自我宣传方式。一篇好的视觉笔记可以帮你传达知识信息，同时，也能让更多人了解你，这个动作非常有助于建立自己的个人品牌。

我平时就会把在工作和生活中做的部分视觉笔记署名，然后发布到自己的朋友圈、微博和其他的社交媒体上，在传播知识的同时，也吸引了很多喜欢视觉笔记和一页纸工作法的朋友。在和他们的沟通交流中，我了解到更多运用一页纸去解决问题的案例，发现一页纸真的是有无限多的可能性。视觉化思维让我找到了无数同频的伙伴，在思维的碰撞中，我们各自都生出了奇妙的创意火花，从而拥有更好的生活。相信未来一定会有越来越多的朋友运用一页纸的视觉笔记去呈现知识。

好了，以上就是视觉笔记的七大组成部分，它们是标题、图像、文字、项目符号、图形框、引导线、署名。当然你也可以根据实际需求，在自己的视觉笔记中灵活地增减内容。

第三节　视觉笔记进阶技巧——提升画面的层次感

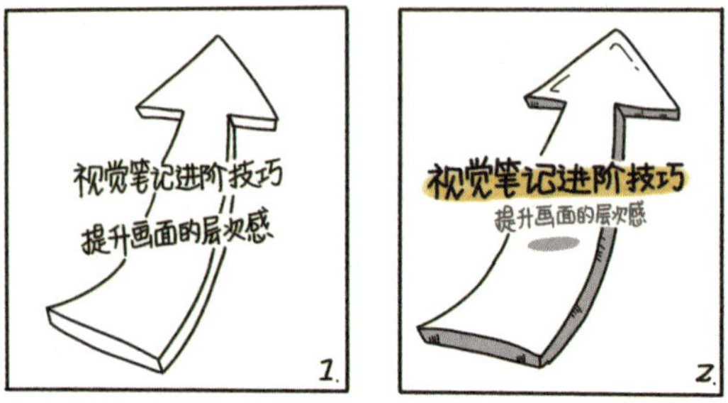

请你看看上面的两张图，你觉得哪张图更好看一些呢？

相信大多数人的感觉是一样的，第2张图看上去更舒服。第1张图中的文字大小都一样，整张画面没有颜色，看上去毫无变化。而第2张图中的文字有了大小的变化，又添加了简单的颜色，画面一下子就有了层次感。

画面的层次感也就是让文字、图像表现出主次、远近、大小的关系，好处是可以让画面更美观，让人一眼就能看出哪里是重点。所以，如果你想让自己的视觉笔记效果更好，秘诀就在于构建画面的层次感，我们可以从文字、图形、颜色三个方面去设计。

一　文字的大小虚实变化

前面所述视觉笔记构成中的文字部分，已经提到过文字的书写要有层次感。其中主标题、二级标题和内容的文字关系应该是主标题最突出，二级标题次之。

我们可以通过调节文字的大小和粗细来凸显这种主次关系，如果把标题字写得最粗、最大，可以让人一眼就知道视觉笔记的主题是什么。

除了文字的大小、粗细变化，其实，还可以通过不同的字体增加文字的层次感。比如，字体有空心字、实心字，空心字和实心字搭配使用就能产生虚实结合的效果。

不同的字体搭配使用，确实能够使画面更加丰富，当然想要写好不同的字体需要做非常多的实践练习，不可能一蹴而就。所以不要急，一点一点慢慢来，可以先选择1～3种常用的字体开始练，就我的经验来说，只要掌握3种字体就足够了。

其实，我不建议初学者就学这么多的字体，因为每个人的时间和精力都是有限的，最初阶段还是要把宝贵的精力放在积累视觉元素和培养视觉化的思维上。我们通过调整文字的大小、粗细，用一种字体也可以很好地表达信息，增加画面的层次感。

有些人总觉得自己的字写得难看，其实只要你静下心来一笔一画地好好写字，视觉效果就不会差。一定要记住视觉笔记的核心目的是记忆内容和传达信息，不要过分纠结太复杂的东西。

二　图形的层次变化

除了通过改变文字的大小、粗细、字体来表现画面的层次感外，还能通过画出不同大小、不同精细程度的图形来增加画面的层次感。

我们可以先将重点信息的图形画得大一些去凸显它的重要性，图形越大就越明显。人们的视觉习惯就是先去看大的物体，然后再去观察小的物体。

除此之外，我们还可以把重点信息的图形画得精致一些，其他的图形画得简略一些，这样也会让图形富有层次变化。

想要把图形画精致其实很简单，要使用粗细不同的两种线条来画图，就像下图画杯子的过程，你可以先把一个简单图形的外轮廓线加粗，然后再用细线去画内部细节的部分，这样粗细线条相互呼应就能让图形变得更精致了。

在做视觉笔记的时候，不要想着把所有的图形都画得很精致。抓住重点内容画得精细一些，其余部分就简单地去呈现，这样既能提升记笔记的速度，又能构建画面的层次变化。

三 色彩的搭配

人们都喜欢有颜色的东西，色彩鲜艳的物体总能让人眼前一亮，所以我非常喜欢给视觉笔记上颜色。色彩的使用能够增加作品的观赏性，也能增强画面的层次感。但是，色彩的使用也有风险，用好了那是画龙点睛，用不好就可能毁了整幅画面。

颜色的选择主要看视觉笔记的用途，如果只是为了给自己看，用自己喜欢的颜色即可，如果要分享给他人就要讲究一些。

其实，这世上的每一种颜色都是自带情感的，比如，绿色有环保、希望、生长的象征，橙色有光明、快乐、青春的象征，黄色有阳光、高贵、温暖的象征。颜色的选择，由视觉笔记的主题和笔记的阅读对象等因素来决定。

如果你实在不会使用颜色，我推荐你使用灰色给图形添加上阴影的效果即可。任何简单的图形，只要用灰色上了阴影就能瞬间变得立体、高大上起来，整个画面也会因为添加了灰色产生黑白灰的层次效果。

举个例子，我现在用黑笔在纸上画出了一个小人，它是很平面、很普通的。但是，如果我在这个小人的一侧用灰色添加上阴影，是不是感觉这个小人好像一下子就站了起来呢？

所以在视觉笔记中使用灰色总是不会错的。

至于怎么配色，初学者不用费心去研究专业的美术知识，我总结了三条很好用的配色经验。

- 在动笔之前先选好1～2种颜色，一个作为主色调大面积使用，另外一个作为辅助的颜色小面积使用，颜色不多，这样画面就不会乱。
- 可以选择几种相近的颜色搭配使用，比如黄色、橙色、橙红色，颜色相近，搭配起来会让画面整洁又有层次感。
- 平时看到好看的配色，就注意保存下来，可以在自己的作品中做尝试。比如追《延禧攻略》时，我发现整部剧的颜色搭配非常耐看，就去搜了它的配色，也许哪一天就用上了呢。

现在你知道了让视觉笔记更美观的秘诀，就是通过文字的大小虚实变化、图像的精细程度变化，以及使用不同的颜色来让画面富有层次感。这样做出的视觉笔记重点突出，看起来也更加舒服。

第四节　用一页纸做视觉化的读书笔记

在全面了解了视觉笔记的基础知识以后，我们就可以用起来了，视觉笔记的第一大用处就是做读书笔记。

一　为什么阅读后要输出一篇视觉化的读书笔记

读书是成本最低的一种自我成长方式，现在我们想要了解某个领域的知识，只要购买这个领域的几本书去做一次主题阅读就可以了。

但是，说起来简单，想要真正在阅读中学到知识并不容易。很多小伙伴反馈自己的阅读问题都说是：读不完，记不住，忘得快。很多书看是看完了，但是几天以后再拿起这本书居然想不起半点内容，感觉就跟没看过一样。

为什么我们会读不完一本书呢？

除去自律的因素，还有一个重要的原因。书籍都是线性的结构，一章一章的，从前到后，但是，知识的结构却往往不是线性的，前面章节的知识和后面章节的知识是相互关联和支撑的，这就造成了有时候必须读完后面的章节才能理解前面的章节。但在实际的阅读过程中，我们在前面觉得看不懂的时候就已经选择放弃了。在看书时形成不了对知识的系统认知，看不到内容之间的关联性，就造成了我们读书总是半途而废。

那为什么会记不住，忘得快呢？

因为一次有效的学习，必须经历从输入到输出的闭环，阅读只是输入的过程，如果没有输出就很难将书中的知识消化吸收，这就造成我们读书总是记不住、忘得也快。

读书后输出一篇视觉笔记就可以解决这个问题，阅读后输出的读书笔记能够让我们更加系统地看清书的结构，以及知识与知识之间的关联性。同时，图文结合的输出方式非常有助于记忆理解书中的内容，让我们做到真正将知识融入自己的知识体系中。读书这件事也变得有趣了许多。

一段时间以后，当我们想要去回顾书中的内容时，只要看一眼那张读书笔记，知识点就能马上浮现在脑海中了。

二　如何在读书后输出一篇视觉笔记

读书笔记的呈现方法完全遵循一页纸工作法的四大步骤：输入—思考—整合—呈现。

第一步：输入

这里的输入就是阅读书籍，阅读时要做到专注地获取知识。

第二步：思考

将书籍的内容进行归类整理，并思考这本书用什么样的视觉框架来呈现。

给一本书做视觉化的读书笔记，重点就是要考虑如何把这本书的重点内容串联到一起，用一页纸呈现出来。我们在思考阶段就要从繁杂的信息内容中筛选重要的内容，并分析出整本书的内容框架。

但要注意的是，做读书笔记绝对不是简简单单地画出书籍的目录。虽然大多数书籍都有目录把内容分成明显的章节，但我们最好还是按照自己的知识体系去整理信息，重点呈现那些对自己有帮助、有启发的知识点，这样的读书笔记才更有价值。

第三步：整合

将书中的重点内容填充到规划好的视觉框架当中。

第四步：呈现

根据视觉笔记的七大构成，将读书笔记呈现出来。注意适当地将文字转化为图像以及构建画面的层次感。

我们下面就举几个具体的案例，来进一步说明做一篇视觉化的读书笔记的操作过程。

案例一：《财富自由之路》读书笔记

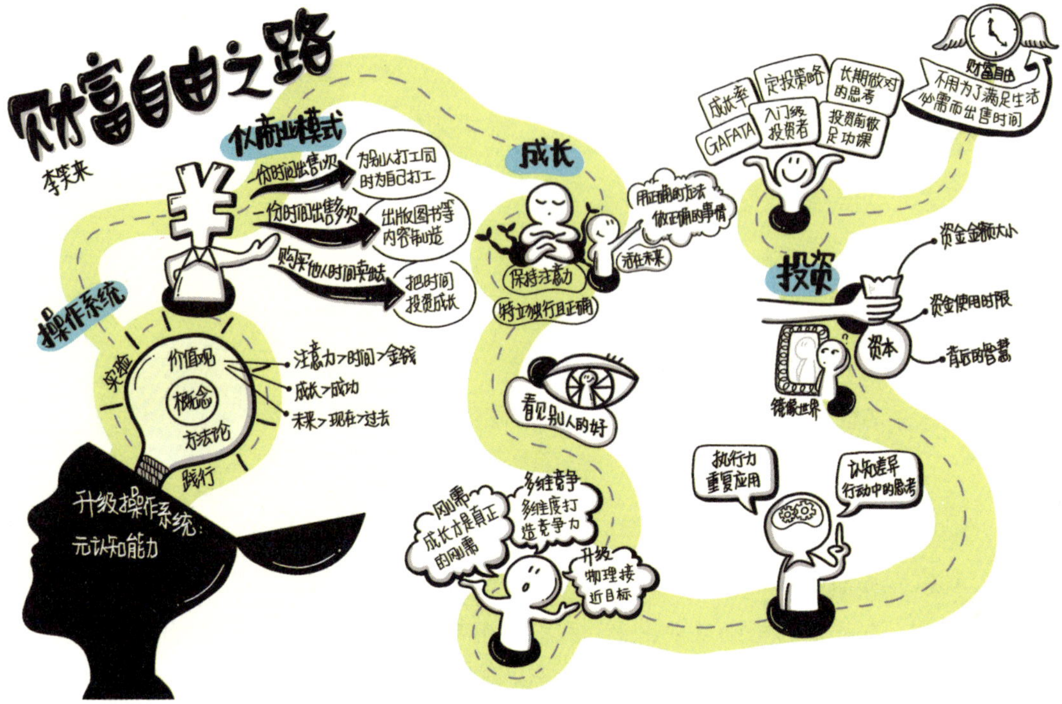

这张图是我在读完李笑来老师的《财富自由之路》后做的读书笔记，这本书的内容对我的个人成长有很大帮助，豆瓣评分9.0分。之所以用它来举例，是因为这本书不像其他书籍那样有明显的章的划分，而是一共分成了50个小节，每一小节都是一篇独立的文章。虽然这些小节之间存在内在联系，但是我在做读书笔记时还是花费了一些时间去梳理内容框架。

第一步：输入

阅读书籍。这个没什么可说的，就是认真看。笑来老师一直倡导大家要只字不差地阅读，他的书我都是一字一句去看的。

第二步：思考

将书籍的内容进行归类整理，并思考用什么样的视觉框架来呈现。

这本书的主题虽然是财富自由，但是内容就是讲述如何升级自己的“操作系统”的，作者定义了很多概念，提出了关于成长、投资等方面正确的价值观及方法论。所以我就按照自己的理解，把书籍内容分成了四个部分：操作系统、个人商业模式、成长、投资。这个过程其实就是对书中的内容进行归类整理，得出这本书的一个内容框架。

有了内容框架，我们就要思考这四大部分应该如何在一页纸上布局了。因为本书的题目是《财富自由之路》，所以我就想到采用路径型的视觉框架，用一条路将四个部分的内容串联起来。

再进一步，我在脑中根据书中的内容联想到了一个大的画面。本书说的财富自由之路，实际上是个人操作系统的升级之路，所以，我就想到从人类的大脑中延伸出一条金灿灿的道路，路的起点是"操作系统"的部分，路的终点是"个人财富自由"的画面，只有不断升级自己的"操作系统"，才可能实现财富自由。

第三步：整合

将书中的重点内容填充到规划好的视觉框架当中。

在这个步骤，你同样不需要记录所有的内容，只要把每一部分自己认为最重要的知识点呈现出来就可以了。比如在操作系统的部分，作者提出了一个操作系统的模型，由以下几个层面构成：

1. 概念与关联

2. 价值观与方法论

3. 实验与践行

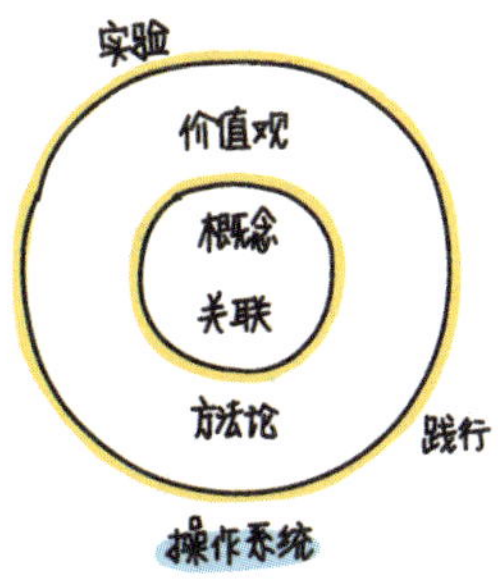

于是我就把这个模型稍做调整转化成了灯泡的造型画了出来，同时我还记录了本书讲到的最重要的三个价值观：注意力＞时间＞金钱、成长＞成功、未

来＞现在＞过去。

在个人商业模式的部分，我使用了一个脑袋变成人民币符号的小人造型来代表个人商业模式，记录了三种个人商业模式分别是什么，以及如何优化这三种商业模式的方法。而在成长部分，其实有很多关于成长的知识内容，但我只选择了对我来说价值最大的内容做了呈现。最后的投资部分也是如此。

第四步：呈现

根据视觉笔记的七大构成，将读书笔记呈现出来。

可以看到我在这篇读书笔记中，用到了七大构成中的标题、文字、图像、图形框、引导线。引导线则是使用了一条道路将所有内容串联。

在层次感的构造方面，主标题“财富自由之路”的文字最大，二级标题“操作系统”等四大部分次之，内容文字更次。图形有大有小，颜色方面使用了黄色和蓝色的搭配。

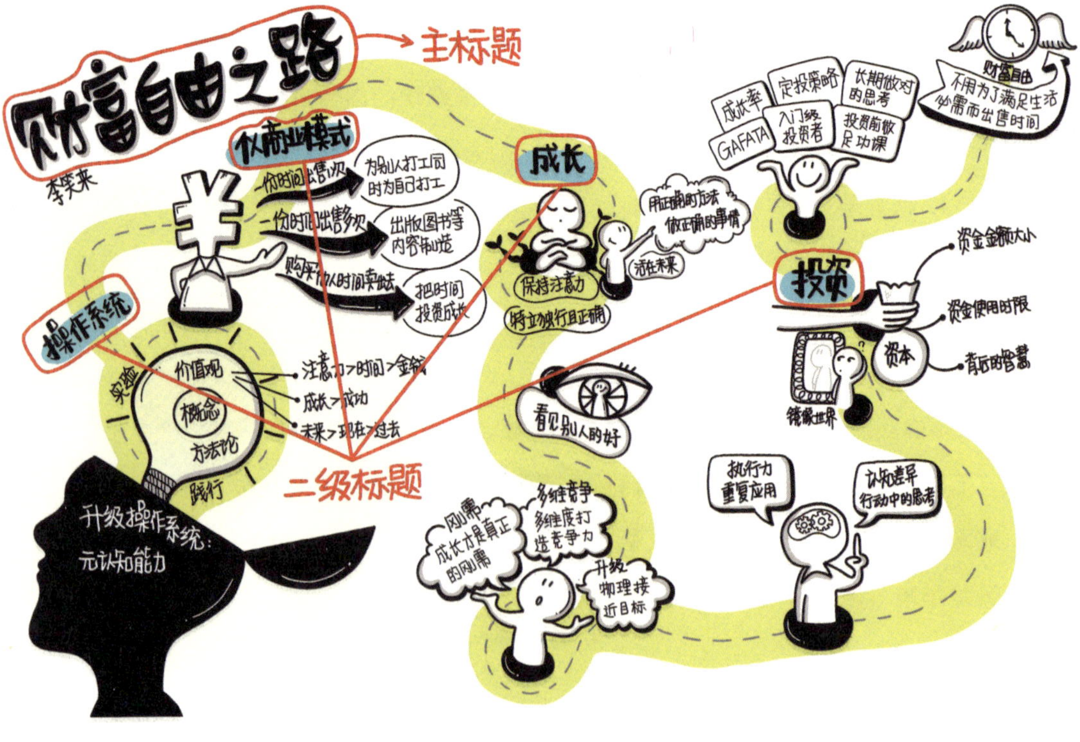

这就是一篇读书笔记的创作始末了，通过输出这篇视觉笔记，我对书中的知识内容进行了重新整理，将这些知识放入自己的知识体系中。画之前它们还是零散的知识砖块，但是，画完后砖块已经被搭建成了结实的砖房。

案例二 :《原则》读书笔记

看过前面的案例，你可能会在心里生出一个疑问 :“一定要在读完整本书以后才能做读书笔记吗？”

当然不是了，其实视觉化的读书笔记跟你平时所做的笔记是一样的，你可以很随心地去做，随着看书的心情或者进度去输出视觉笔记。

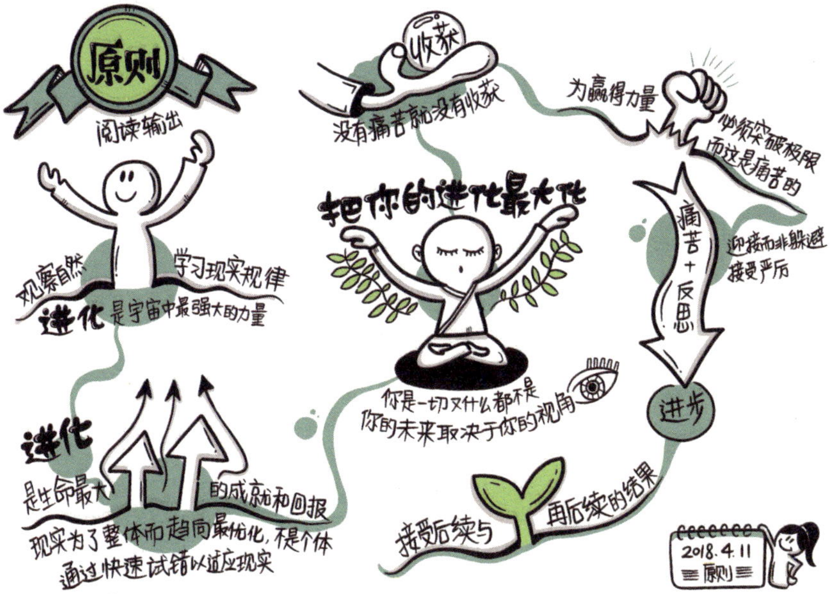

上图是我在看瑞·达利欧（Ray Dalio）的《原则》时做的，这本书非常厚，全书总共有500多页，我那时候每天大概只看20多页的样子。作者在书中分享了他的个人经历和他总结的生活、工作原则，字字珠玑。

于是，我就每天边读边做笔记，大多采用路径型的视觉框架，把当天读到的金句原则和自己的一些思考串联到一起，画在一页纸上。通过这种方式，我就能更好地吸收和记忆当天看到的知识内容。

通过上面的几个案例，你应该已经学会了做读书笔记的思考方式和呈现方法。你最近正在看什么书吗？现在就拿起笔做一张视觉化的读书笔记吧。

第五节 用一页纸做视觉化的听课、演讲、培训笔记

视觉笔记的第二大用处，就是做听课、演讲、培训时的笔记，帮助自己学习和成长。

一 将课程内容视觉化的日常

在我开始将视觉笔记应用到听课、培训等学习场景中之后，我的学习过程发生了翻天覆地的变化，这是一种沉浸式的学习方式。至于为什么能那么沉浸，去看我输出的笔记内容就知道了。亲戚家的小孩来到我家，不看电视，不玩电脑，就喜欢翻看我的那些笔记本，像看小人书似的。

我做的听课、学习笔记大大小小的加起来有很多本，这些本子我都视若珍宝，一有时间就会打开本子进行知识的回顾。既然说到这里，就展示一些我平时做的听课笔记吧。

1. 线上微课的笔记

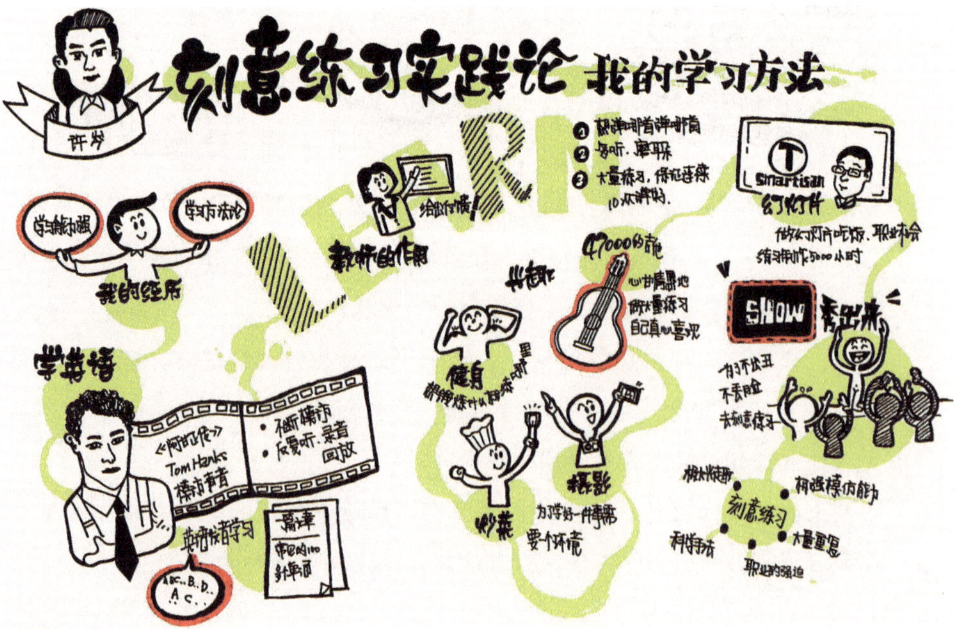

我平时经常会在线上听一些微课，听课的时候就喜欢拿出本子来画一画。这张图是在一个分享平台上听许岑老师讲《刻意练习实践论》时做的随笔记录，写画之间就把知识点记住了。

2. 听微信群分享时同步做的笔记

我所在的“知识 IP 大本营”的微信群里，有很多知识界的大咖，当他们在群里做分享时，我就边听边做视觉笔记，用这个方法来消化知识。

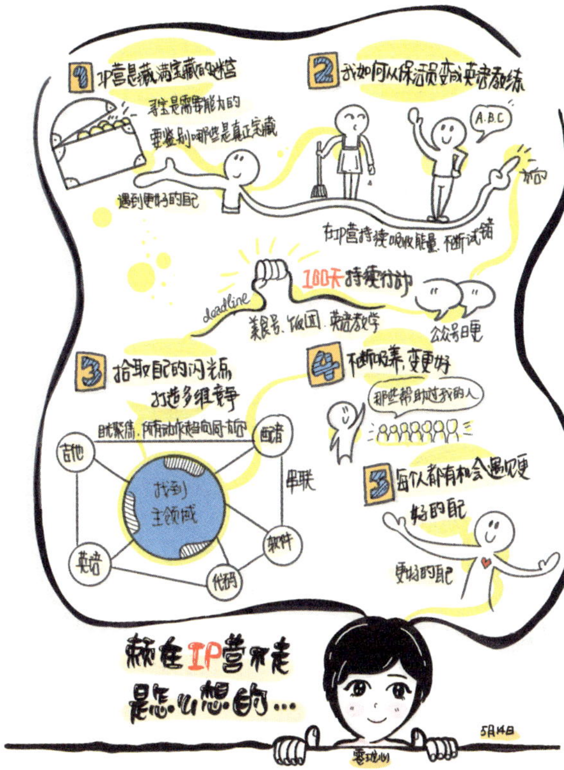

这幅图是在零珑心老师分享的时候同步做的，在开始分享前我就提前画好了她的头像，然后从头像上延伸出了一个巨大的图形框，构造了一幅从她脑中冒出想法的画面。在她分享时，我再把重点的信息记录在这个想法框里，就得到了这张图。

每次我都会把做好的视觉笔记发到微信群里，这个举动让我认识到多位老师，也获得了很多合作的机会。原来视觉笔记还能帮我们交到朋友！

3. 听知识音频的笔记

有空时我还喜欢听一些知识音频，一般这些音频没有多长，但是观点却非常值得一记。

4. 看小视频的记录

我还喜欢在网上看一些演讲视频，比如“TED”“一席”“听道”上的演讲视频。

通过听不同的讲者分享经历，可以了解到各行各业的人的独特见解，我同样会用视觉笔记做同步的记录。

5. 线下活动做的笔记

工作学习之余，我还会参加一些线下活动，能够跟同频的伙伴进行交流，同时还可以学到知识，丰富自己的生活。

这张图是我在参加了一个“青岛往事”的线下活动后回家做的，我把和伙伴们当天走过的景点用一条路串了起来，还写出了当时的感悟。

你会发现，用视觉化的方式去做笔记，已经不是单纯地记笔记了。在做笔记的同时，我们不仅可以将知识呈现出来，同时还能加入自己的情感和感悟，就会不自觉地沉浸在这个学习的过程中。

总结下来，在听课、培训时做视觉笔记的好处很多：

- 告别枯燥，让听课学习变得有趣。
- 专注地聆听课程内容。
- 深入理解和记忆知识。
- 更系统地看到课程体系。

二　如何在听课的同时做视觉笔记

做听课笔记的过程跟上面学过的读书笔记一样，都要经过输入—思考—整合—呈现四个步骤，但是做听课笔记要更难一些。

我们在做读书笔记的时候，可以一边看书一边做记录，也可以在看完书后花一些时间去整理读书笔记的内容、视觉框架以及布局，这个过程是没有时间限制的，你想做多长时间都可以。但是，做听课笔记则不同，我们需要在听课、培训时边听边记，老师讲完了，我们的笔记也要同步做完，这个过程是有时间限制的，需要做到快速记录。

做听课笔记会更加考验我们的基本功，包括：专注聆听的能力、快速抓取重要信息的能力、文字转化图形的能力，以及整体画面的构图排版能力。但是这个过程也没有你想象的那么困难，你同样可以通过学习套路方法，加上刻意练习做到熟练掌握。我们下面就来学习做听课笔记的方法。

第一步：输入

这里的输入就是聆听，不管你是听课、听培训还是听演讲，第一步都要做到专注地聆听。

第二步：思考

将听到的内容进行归类整理，找到呈现课程内容的视觉框架。

在一般情况下，我们在听一个课程或者演讲的时候，讲者都会在开头传达给大家他的内容框架。通常讲师会先阐明主题，然后说出自己会分成几个小点去展开讲解，这就是我们要寻找的内容框架。了解了内容框架，我们就知道该如何将内容在一页纸上进行布局了。

但也不是所有的情况都能如此顺利，有时候需要我们自己从讲者的语言中去发掘他的演讲逻辑。可以注意抓取一些关键词来判断讲者的逻辑结构，比如，下面这些代表时间、空间、流程顺序的关键词。

1. 时间顺序的关键词：第一天，第二天，第三天；早上，中午，晚上；过去，现在，未来……

2. 空间顺序的关键词：从上到下，从左到右，从南到北，从整体到局部，从一地到另一地……

3. 流程顺序的关键词：第一步，第二步，第三步；第一阶段，第二阶段，第三阶段……

通过类似的关键词，我们就可以判断出讲者的逻辑，进而为自己的视觉笔记进行布局。

第三步：整合

将筛选出的重要信息按照规划好的视觉框架进行整合填充。

第四步：呈现

呈现一张完整的听课笔记。

下面以这张视觉笔记来说明，如何在听课的同时做出一篇视觉化的听课笔记。

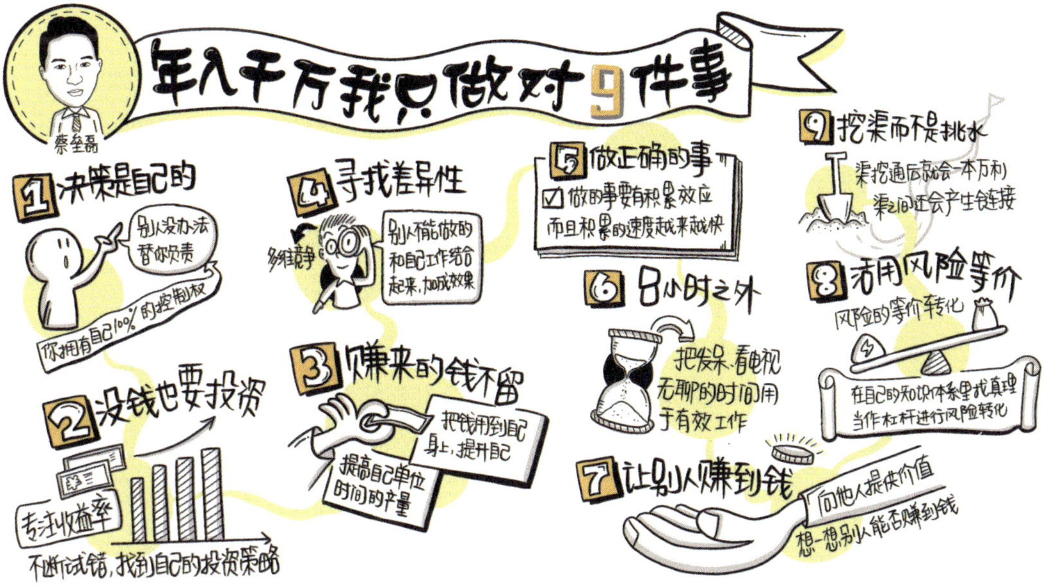

第一步：输入

这是一节题目为《年入千万我只做对了9件事》的微课，第一步就是要专注地聆听讲师讲课的内容，只有接收到全面的信息才能从中筛选出关键的内容。专注的状态让我们可以沉浸在当下的学习当中，这也是做视觉笔记的好处之一。

第二步：思考

将听到的内容进行归类整理，找到呈现课程内容的视觉框架。

在这节微课上，讲师在一开始就告诉大家，他今天要讲一讲自己从投资到创业过程中最重要的9个关键认知点，于是我就知道了他的课程内容框架是在一个主题下有9个分论点。

考虑到9个信息点还是比较多的，所以我就选择用路径型的视觉框架，把9个信息点依次排开，每个信息点都用一个数字项目符号标记来引导阅读顺序。

第三步：整合

有了框架，我们就要从讲者讲到的每一个小点的内容中提取关键信息，填充到框架中去。

很多人在这个环节的最大问题是：“我无法判断哪里是重点怎么办？我不知

道哪句该记哪句不该记怎么办？”

一般来说，讲者在讲到主题下的每一个分支时都会先强调这部分的主旨，然后再用一些案例或者故事做进一步说明，所以，你在聆听的时候就要抓住重点的句子和关键词。如果在听讲时漏掉了一些信息也没有关系，先空着就好，对于重点的内容讲者通常会做反复的强调，在那个时候补上就可以了。

第四步：呈现

虽然说呈现是第四个步骤，但是呈现的动作实际上是贯穿于思考、整合阶段的，这几个步骤并不能分得那么开，因为做视觉笔记的过程是心、脑、手合一的。

呈现的过程要注意文字图形的转化，以及整体画面的层次感。这张图在层次感的构造上，依然是主标题“年入千万我只做对了9件事”的文字最大，“决策是自己的”等二级标题次之，内容文字则更次。最后我用浅黄色作为每一部分的背景色块和引导线，把9个部分串联在一起，形成了一幅完整的视觉笔记。

做听课笔记有一个技巧，我们在听课前就可以把课程或演讲的标题、讲者的头像和身份信息画出来，这样就能节省记笔记的时间。如果在记录时遇到来不及画图的情况，就要先把重点的信息用简单的文字记录下来，留出一些画图的位置，等到课间或者课后再进行补充。

三　平时如何做听课笔记的练习

1. 从记录一些较短的音频内容开始

初学者可能会觉得在听课时同步用图文结合的方式记笔记很难，会手忙脚乱。别担心，这是一个循序渐进的过程，你不要要求自己一上来就能记录1个多小时的课程，可以先从简短的知识音频或者视频练起。

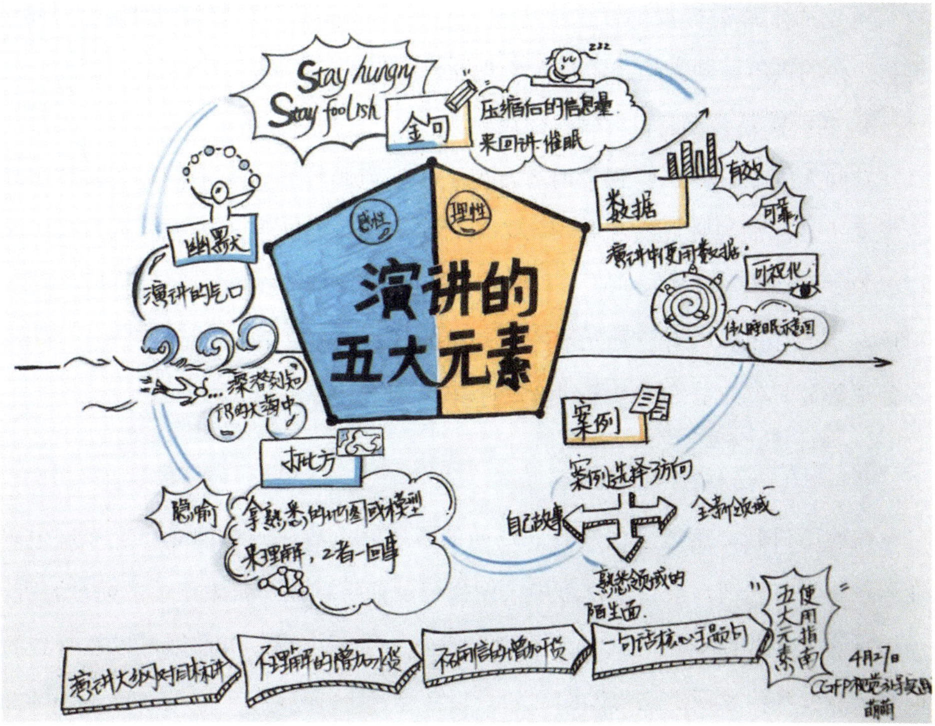

比如这张图是我在听古典老师的《超级个体》栏目时做的，这个音频只有11分钟的内容。别看音频不长，但是聆听—思考—整合—呈现的过程一步都不能少。

这个音频的主题是“演讲的五大元素”，通过思考我采用了放射型的视觉框架，通过一个五边形来将五大元素构建在一起，五边形的五个角分别指向演讲的金句、案例、数据、打比方和幽默中的一个元素。然后，我再将听到的重点信息转化为图像呈现出来。

这种简短的音频做得多了，就可以试试长一些的音频内容了。通过不断地实践和练习，你在听课时同步做出的视觉笔记就会越来越好啦。

2. 边看文章边做视觉笔记

如果刚开始你觉得边听边画比较困难，那就先找一些知识文章来进行练习，因为任何课程、演讲的内容，在某种意义上其实就是一篇文章。你可以将呈现视觉笔记的步骤进行拆解，先提炼出文章的内容框架，想好视觉笔记的布局，再将重点的内容用图文结合的方式填充进去。

3. 多积累视觉元素，巩固基础知识

有些人的问题是，听到了内容，但是不知道画什么。这个肯定要从基本功上找原因，你的视觉元素积累得够多吗？你的文字转化图形的能力练习得怎么样了？如果没有做到很熟练，自然听到的语言信息无法在短时间内呈现出来，所以，不要忘记平时对视觉元素的积累和练习。其实也不用死记硬背很多图形，先把那些最简单的基础图形用到极致再说。

四　图像记录的简单介绍

在前面讲到一页纸工作法在职场中的应用时，我提到过图像记录师这个职业。在演讲、培训、会议的过程中，图像记录师可以在一张大纸上，通过聆听，用图像和文字相结合的方式同步呈现出讲者的主要内容。听众则可以在听到的同时还能看到信息视觉化的过程。

会议中使用图像记录其实在国外已经非常普遍了，比如，在一些国际交流会和 TED 演讲大会中我们都能看到图像记录师的身影。在中国，虽然图像记录师还是一个新兴的行业，但是已经有越来越多的会议、课程的现场起用了图像记录师的角色。

当你可以很熟练地做听课笔记后，就可以尝试在墙上用大纸练习做图像记录，你会发现在墙上画和在纸上做视觉笔记完全是两种不同的感觉。

图像记录师需要具备更加出色的聆听技巧，能够准确地将讲者讲到的内容呈现出来。我们平时做的视觉笔记是小幅的，而在会议现场做的图像记录通常都是大幅的。视觉笔记还可以加入一些自己的想法，而图像记录因为是展示给会场的听众看的，所以必须重现讲者的内容。

那么图像记录师做一场图像记录，都要做哪些工作呢？

- 前期要跟讲者或者会议的组织者做沟通，了解课程或演讲的目的、内容大纲，沟通记录的图像和隐喻的想法。

- 中期要在现场聆听的同时，呈现讲者的课程或演讲内容。
- 后期用图像带领大家做课程的复盘回顾。

图像记录师所呈现的内容，可以帮助现场的听众看到讲者的整体内容以及知识或信息之间的关联，让大家更好地记忆与理解讲者所表达的信息。如果你也想成为一名图像记录师，平时就要多做“上墙”（在墙上用大纸做记录）的练习，当然最好的方法还是去找专业的机构进行系统的学习和实践。

本章总结

一页纸搞定大问题——成长篇（学习笔记）

第七章

一页纸搞定大问题——生活篇

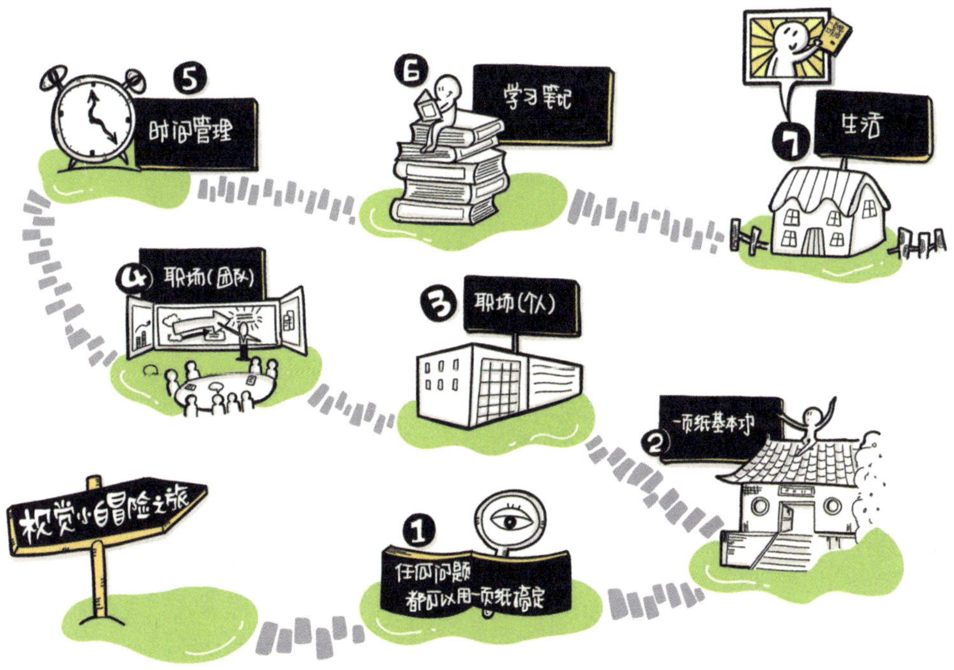

恭喜你踏上了这场视觉之旅的最后一段路程，也许你还没有发现自己看问题的视角早已在不知不觉间发生了改变。现在的你已经掌握了视觉化的思考方式，开始想要用画笔记录生活中的点点滴滴了。

自从我开始用一页纸记录生活，就找回了丢失已久的好奇心，竟然每天像个孩子一样，以玩耍的心态去面对万事万物。我们学习任何技能最终都是服务于生活的，一页纸工作法也是如此。

一页纸工作法在生活中的运用不需要死板地遵循什么方法和步骤，因为每个人的生活不一样，结合视觉化思维的形式自然也就不同。所以在这个关卡，我会用讲故事的方式来跟你分享，我是如何将一页纸工作法使用在与家人的沟通、记录生活、解决日常问题、休闲玩耍等诸多方面的。相信看过这些内容，你一定会脑洞大开。但你要知道的是，视觉化的思维应用绝不仅限于我写到的这些，还有更多有趣的应用等待着你自己去发掘。

第一节　沟通交流

一页纸工作法在生活中的第一个应用，就是使用在与家人的沟通中，让你更容易走进家人的内心。

一　用一页纸画图，走进妈妈的内心

每个人与父母之间的关系都是非常微妙的，小时候，我们非常需要父母的爱，会依赖他们，遇到芝麻大点儿的问题就会去黏着他们寻求解决方案。但是，随着年龄的增长，我们开始学习独立，开始想要跟自己的原生家庭分离。

在这个过程中我们跟父母的沟通交流越来越少，陪伴他们的时间也越来越少，偶尔打个电话过去也就是“你吃饭了吗”“天气凉了，注意加衣服”这样的寒暄。而且好像我们一直只把父母当作父母来要求，认为他们就应该做这样那样的事情，却忘记了抛开父母的角色，他们也有独立的人格，也有属于自己的梦想。成年以后的我们，或许应该更多地去了解和关注自己的父母。

对于我来说就更是如此。在我5岁的时候，父母就分开了，后来他们又各自组建了自己的家庭。幸运的是，后来的生活还算美满，但我知道妈妈这一生并不容易，她把太多的事情都埋藏在了心底。我一直想要更深入地走进妈妈的内心，了解我能做点什么让她开心的事情。

但是不知道你有没有这样的感受，成年以后，我们跟父母的关系是既亲密又陌生的，彼此之间有些话很难说出口，比如一句简单的“我爱你”是多么难以启齿。如果我直接去问妈妈：“妈，你有什么想要实现的愿望吗？”她肯定会回答我：“没有，只要你好好的就行了。”这样我就很难了解她真实的想法和需求。

于是我想用画图的方式跟她来一次深入的沟通，我相信图像语言可以化解我们之间的尴尬情绪，让我真正走进妈妈的内心，了解她过去的经历和对未来

的期许。

下面这张图，就是我当时设计的与妈妈沟通用到的视觉工具和内容。

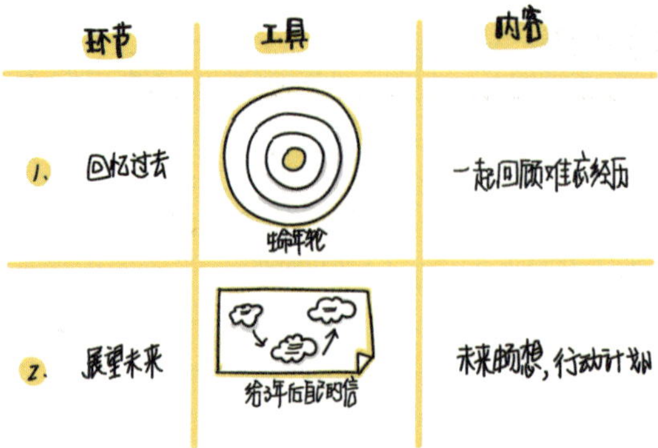

我想让她画出自己的生命年轮，通过画图来回忆过去印象深刻的点点滴滴。当然回忆过去是为了更好地畅想未来，接着我会让她“写”一封给3年后自己的信，她边说我就边用图像记录下来。通过这封信，我们就可以一起规划未来了。

有了成形的想法后，我就去找妈妈预约时间。当时还有点害羞，不知道她会不会接受这种沟通方式，电话那头先是短暂的沉默，然后就听到她说“好的”。估计妈妈也很想跟我有一次深度交流吧。

到了沟通的当天，我先跟妈妈介绍了每个环节的内容以及大概需要花费的时间，我们就开始画生命年轮了。

生命年轮是一个回忆过去很好用的工具，也就是在一张大纸上，从里到外地画圆圈，每七年为一圈，从自己出生画到现在。在最中心写上自己的名字，其他的圈里要用图像和文字相结合的方式去表现这些年印象最深刻的人和事。

刚开始，我还担心妈妈会觉得自己不会画画而不能投入，就给她演示了一些基础图形的画法，没想到根本就不用我教，她对自己的画功很有信心。本来我还放了点小音乐来调节气氛，可是却被她嫌弃说太吵会影响思考，就给关掉了……

然后我们就面对面地各自画着自己的生命年轮，在画的过程中，我偷偷地抬头瞟了几眼妈妈，她有时面带微笑，有时处于思考状态，总之就是非常投入。

我心里悬着的那块大石头总算是放了下来，也开始投入思考当中。

从开始到画完大概持续了2个小时，进入状态的我们根本感觉不到时间的流逝。工作以来我已经很久没有像这样静静地守在妈妈身边，享受只属于我俩的时光了，连空气中都弥漫着丝丝暖意。

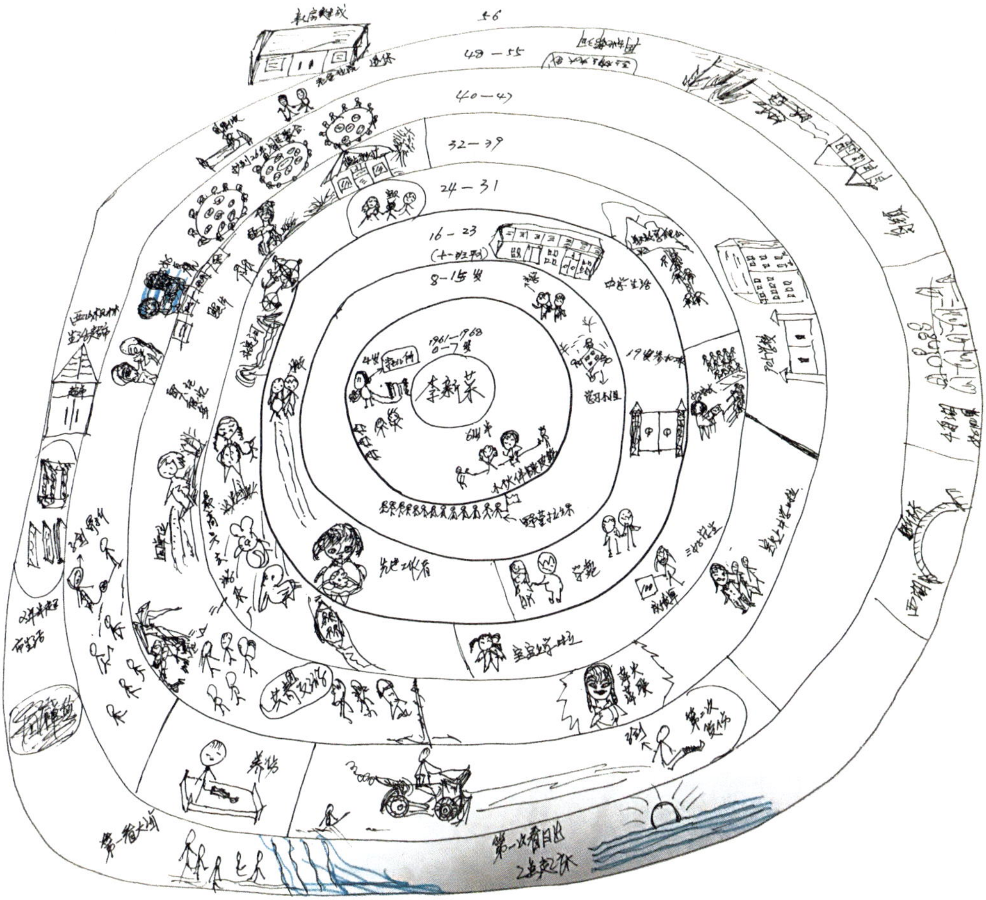

妈妈画好的生命年轮

这是妈妈画好的生命年轮，我当时看到的第一感受是：画得真好！她没有上网查询任何图形，就是凭着自己的感觉很自然地将这些年的经历画了出来，突然想到我们小时候不就是这样画画的吗？

用图像来沟通的好处在于，很多原本说不出口的话，画出来就是顺理成章的事情。一个简笔小人的背后可能就是一段感人的故事。通过妈妈对生命年轮的描述，我了解到关于她和家人的很多有意思的经历，还有她年轻时候的梦想和现实生活中的遗憾。

重要的是，在说到生命年轮中某一圈的时候，我就出生了，我们两个人的生命开始有了交集，这是一种很奇妙的感觉。随后我就听妈妈讲了很多我小时候的事情，一直到我们有了共同的记忆。我们的交流掺杂着幸福、开心、遗憾和泪水，这个过程也解开了深藏在我心底的疑惑。

后来，我给了妈妈10分钟的时间，让她想象一下自己3年以后的生活，就像写一封信一样说出来，她边说我边画。妈妈对未来的期许也很简单，就是保持身体健康，能够到处去旅游，再把家里的小院子规整改造一下，平时可以种种花。画好后我们就针对她的每一条期许都做出了具体的计划。

最后，我问她对这次交流的感受是什么，她说："很好，画出来就清楚多了。"我欣然一笑。通过这次沟通，我看到了一个完整而真实的妈妈，我们母女之间的感情也得到了升华。

你有多久没有和自己的父母坐下来面对面真诚地沟通呢？有些话如果说不出口，那就用画图的方式来表达吧。

二　用一页纸做亲子沟通

现在很多职场妈妈、爸爸都认为与孩子的沟通是个大问题。他们往往百思不得其解："为什么我那么爱我的孩子，可他却还是不听话呢？"

这其实就是因为跟孩子的沟通方式出了问题，在生活中很多父母往往会以命令、指挥的口气跟孩子沟通。你有没有跟自己的孩子说过类似的话呢？"跟你说了多少次了，玩完的东西要自己收拾好！"这样的沟通方式是单向沟通，如果你总是这么跟小孩说话，就会引起他们的抵触情绪。孩子虽然小，但是也有自己的想法和情绪，他们也是需要表达意愿的。大人应该努力了解孩子内心深处的想法，选择小孩喜欢的沟通方式。

我身边有很多视觉思维的践行者，其中不乏一些职场妈妈，她们会通过跟孩子一起画画的方式与孩子沟通来解决问题。

比如早上叫孩子起床洗漱就是一个大工程，不是叫不起来，就是孩子起来后各种磨蹭。这个时候妈妈们往往由于担心自己上班迟到，会冲小孩发脾气。但是发脾气不仅解决不了问题，还会弄得孩子不是哭就是噘着小嘴，连早饭也吃不好了，反而会浪费更多的时间。

我认识的一位职场妈妈李红英是怎么做的呢？她跟女儿在空闲时间一边商量一边做出了一张早上半小时的流程图，其中所有的环节都是经过女儿同意后两个人一起画出来的。因为是自己的作品，孩子就很喜欢也非常愿意遵守。

红英说："有了流程图，我家小宝再也不用听我唠叨了，她现在能够很清楚自己下一步该干什么，自己就能管理好自己的时间了。"

换位思考一下，我们小时候也不喜欢被家人唠叨和被人呼来喝去的感觉，换一种沟通方式就能达到不一样的效果。用一页纸跟孩子一起画画是小孩最喜欢的亲子沟通方式之一，它的好处如下。

1. 小孩子本来就喜欢画画，这样沟通起来会非常顺畅。

2. 家长能够与孩子以平等的地位交流。

3. 家长通过看孩子画出的图像，可以了解孩子的真实想法。

4. 画画能够激发小朋友的想象力和视觉思维能力。

另一个朋友小与，她也将视觉思维在亲子沟通中用到了极致。她经常会一边画画一边给孩子讲故事，也会用画图的方式去记录自己和孩子的生活。

以前小与有用文字写手账的习惯，她会在手账中贴上一些花花绿绿的胶带。后来她发现女儿非常喜欢自己本子上那些可爱的图案，于是就决定把她和女儿之间的趣事用图画的形式重新记录，用这种女儿也可以看得懂的方式保存下这些珍贵的回忆。

后来小与就干脆专门准备了一个本子用于她和女儿共同记录生活。在这个本子上，女儿先是自己画，如果遇到不会画的时候小与才会去帮忙。小与说："这个过程非常有趣，同时我也了解了女儿的很多想法。"

家长与孩子用画画的方式沟通交流，同时做到了平等相处和倾听接纳。在平等相处方面，把“你要……”“你应该……”“你不能……”的命令转化成了与孩子共同去达成一个目标，双方的关系是平等的，孩子就更愿意去做。

在倾听接纳方面，对于孩子画出来的图像，不要评判他画得好不好，要去关注这张图画背后的故事。在孩子的每一幅图画背后，都可能藏着一个美好的需求或愿望，你要看到孩子的需求，走进他的心灵深处。下一次，如果你家的小宝贝拿着他的画跑过来跟你说：“妈妈，妈妈，这是我画的大象，这个是你。”不要急着评判，让孩子尽情去表达内心的感受，你就可以了解到他眼中的世界是什么样子。

如果你在与孩子沟通方面也存在类似的困扰，尝试拿起画笔用画图的方式跟孩子交流吧，相信你自己也会非常享受这个过程。

三　用画图的方式跟自己对话

说起跟孩子沟通，就不得不说说自己。你知道吗？其实每个人的心里都住着一个只会表达真实情绪的小孩，我们可以通过画画的方式开启跟自己沟通的大门。

有段时间我感觉情绪非常焦虑，就找了一个安静的时间，在桌子上摆开了一张大白纸，拿起笔画出了自己的现状。看着画出的图像，我向自己发问：“为什么要画这个？这跟我的现状有什么关系？”通过不断画图和回答自己提出的问题，也就挖掘出了焦虑的根源：总是爱跟别人比较，担心自己做得不够好。

画着画着，居然就画出了一个悲伤的小孩，我意识到，这其实就是住在我内心深处的那个小孩，在很长一段时间里，我对这个孩子实在太过苛刻，不允许她犯一点儿错误，整天都绷着一根神经，当然会焦虑缠身。

想到这里，我便想去抱一抱这个孩子，告诉她：你做得已经很好了。这时候我突然泪奔，就这样跟自己和解了。

有些情绪可能在内心已经积压了很久，我们能够感受到，却看不到。通过画图将那些难以名状的情感表达出来，我们就可以分析问题的根源，并找到解决问题的答案。比如，你就在纸上画一个小人和一些相关的物体，随后你就会很自然地将现状投射到画出的图像上，再通过自我发问就可以了解到自己更深层的愿望和想法。用画画来梳理情绪的过程，更加不需要关注画得好看不好看的问题，只要随心而画就好。

你有多久没和自己对话了？如果愿意的话，你也可以试试看，通过画出的图像看到自己的内心，很神奇的。

第二节　解决问题

除了与家人沟通，一页纸工作法还能帮我们解决生活中的很多问题呢。

一　信息展示

记得那年刚刚在大理参加完毛泡泡老师的视觉引导培训，我和几个同学没有马上离开，而是想要和大理古城来一次亲密接触，于是就在古城里寻觅了一家客栈打算落脚一晚。

但是，由于没有提前预订，在门店现订的房价很高，我们便对客栈的老板开启了软磨硬泡的砍价模式，希望能够拿到便宜一些的价格。哪知老板大人很为难，一直不肯让步。相持不下间，我瞥见客栈的墙上贴着一张用A4纸打印的小贴士，上面印着客栈的Wi-Fi密码、电话等文字信息。

于是我灵机一动对老板大人说："您给我们便宜一些的价格，我们可以帮您用视觉元素重新设计一下这个小贴士，效果嘛肯定比您这个好上百倍！"没想到老板居然同意了，看来他是真的有这个需求，现在这个只有文字的小贴士并不能吸引客人的关注。

当年给客栈做的小贴士

这就是我那天晚上画出的那张小贴士，当时刚刚接触视觉思维，也没有画得多么复杂，但是第二天拿给老板看时他却非常喜欢，还招呼着店员复印了好几张贴在客栈的各个区域。我们用一页纸将信息用图文相结合的方式展示出来，帮助老板解决了客栈信息展示的问题，也帮自己省了钱，这真是一次非常开心的住宿经历。

生活中有很多信息展示的场景都可以用到视觉思维，只要我们大胆地动手动脑就会有非常多的实践机会。

二　筹备婚礼

婚礼对于每对新人来说都是人生大事，但是第一次筹备婚礼难免忙乱，要策划婚礼的形式、考虑婚礼的场地，要拍婚纱照，还要考虑来宾座次等一大堆的事情，真是让人头疼。

我们在之前学到的各种视觉框架、思维模型可不是白学的，筹备一场浪漫的婚礼其实就类似于管理一个项目，我们在这里就可以活学活用，画出一张婚礼筹备的甘特图来让婚礼的进度井井有条。

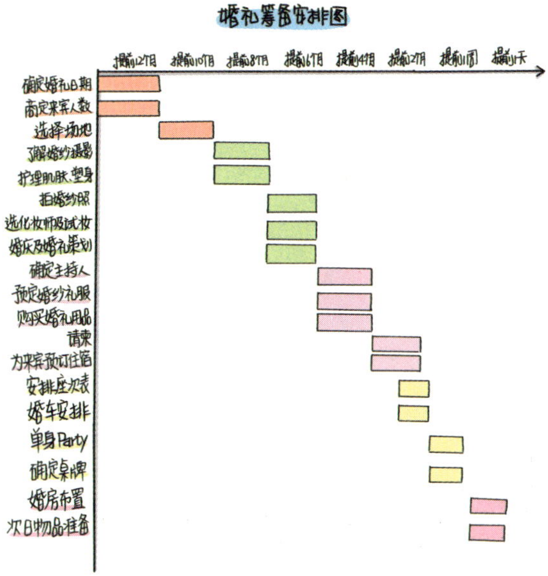

比如这张“婚礼筹备安排图”就是我结合了自己的经验和网上的攻略帮朋友画的。筹备一场婚礼要考虑诸多环节，有些事情大概提前1年就要开始商定了，比如婚礼的时间，大概的人数和规模，婚礼仪式的场地等。有了这张婚礼筹备的安排表，朋友就可以纵观全局，把所有的工作做到井然有序。

每个人的婚礼形式不同，你也可以根据自己的实际情况，找一个安静的时间坐下来用一页纸规划自己的婚礼时间排期。当然，这种时间排期的方法不仅适用于筹备婚礼，也适用于筹备宝宝宴、朋友聚会等家庭活动哦。

三　传递知识

坚持写作有很长一段时间了，所以我喜欢将自己总结的写作方法分享给那些刚开始接触写作，想要养成写作习惯的人。

但是以前我只是在文章里讲写作步骤、结构搭建、如何积累写作素材什么的，别人看着非常枯燥。后来在我习惯了将信息进行可视化呈现以后，就转变了思路，使用了一种全新的方式来分享写作方法。

我把一张大纸贴在家里的墙上，然后用边说边画的形式把我的写作方法和心得录成了一个《写作小白如何成为文案高手》的小视频。你可以扫描下图中的二维码观看这个小视频。

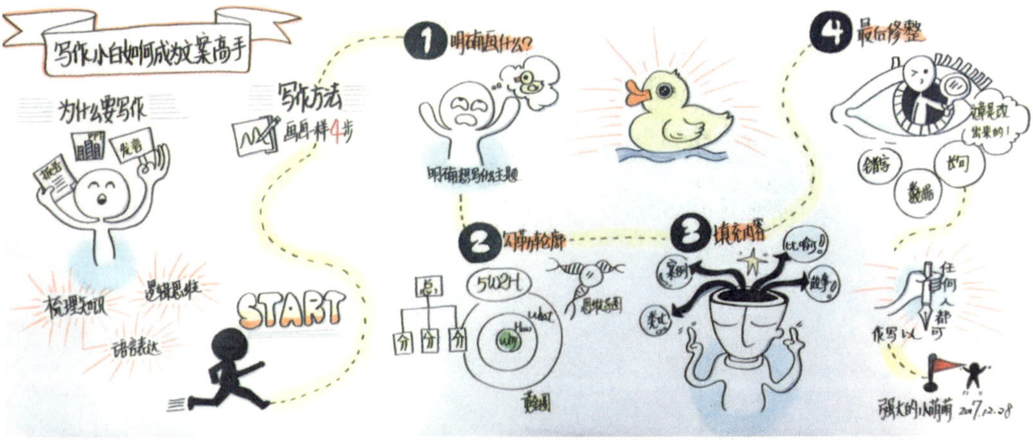

扫描二维码观看小视频

每讲到一个部分，我就对应着在大纸上用图文结合的方式画出相应的知识点，最后就呈现出一张完整的大图。我还把写作的过程类比成画小鸭子的过程分成四步，先明确画什么，然后勾勒轮廓，再填充内容，最后调整修改。这样的方式更加轻松有趣，可以吸引更多的人开启写作之旅。

你也可以尝试用这种边说边画的方式传递知识或者信息，相信一定能够收获意想不到的效果。

第三节　记录生活

我们还可以用一页纸写视觉日记来纪念自己生活中的点点滴滴。

以前用文字去写日记，要将生活中的场景以及脑海中的画面转化为语言文字后才能写出来，写的时候还要考虑用词准不准确，描述到不到位等问题。现在就容易多了，我们只要直接将自己脑海中的画面呈现出来就可以，这样的内容更真实，也更生动。

比如这张图是我在2017年5月12日做的一篇视觉日记，记录了我的钱包失而复得的经历。现在已经过去很长时间了，看到这张图我还能一下子回忆起当天的场景。

你可能会问："视觉日记确实很有趣，但是记录生活有没有套路呢？大概多久记录一次比较好？想到什么就画什么吗？"

其实做视觉日记是很随意的，不用刻意为之，什么时候灵感来了或是当天发生了特别值得纪念的事情，就可以拿出纸和笔来画一画。至于怎么记录我还是有一些心得要跟你们分享的，一般我的视觉日记都是选择路径型的视觉框架，然后按照时间、空间或者流程的顺序去记录呈现。

下面就举几个实际的例子具体说说如何用时间、空间、流程的顺序去记录生活点滴。

一 时间顺序

1. 记录一段经历

做视觉日记时用得最多的就是时间顺序的结构，也就是按照事情发展过程的先后来记录一件事。

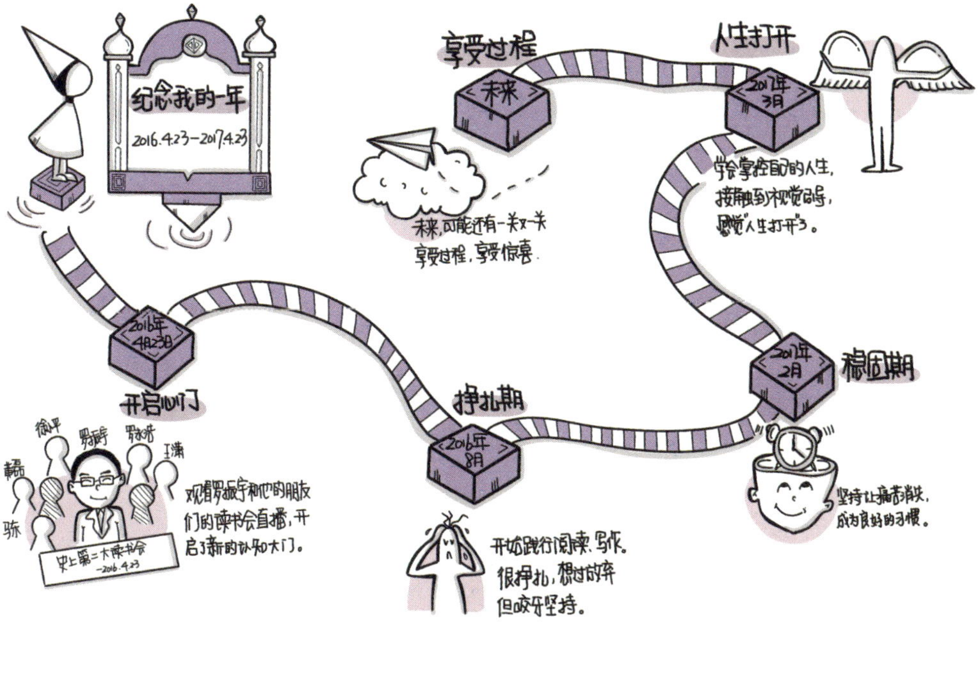

比如这张图是我在2017年4月23日画的一篇视觉日记，当时就是按照时间的顺序记录了自己为期一年的改变经历。

4月23日是世界读书日，在2016年的4月23日那天，罗振宇在优酷上搞了个“史上第二大读书会”的直播，邀请了他的10个朋友分享自己读过的好书和读书心得，有王潇、黄磊、徐小平、罗永浩、马东等人。一念一世界，我们的生命中不知道何时就会出现一个瞬间成为人生的拐点，从此发生巨大的改变。就是在这场读书会上，我的拐点出现了，当时被王潇的一句话点醒：“人的一生是可以规划的。”

这句话深深地印在了我的脑海中，以至于后来我才在工作之余开始读书和写作的生活。而这张图就是用时间顺序记录了我为期一年的改变，从一语惊醒梦中人，到痛苦的挣扎期，再到稳固期，最后开始享受这个自我升级的过程。

画这张图时我用到了当时特别火的一个游戏《纪念碑谷》作为隐喻，我觉得自己这一年就像是《纪念碑谷》中的艾达公主，知道错误后迷途知返，击败代表阻碍的乌鸦人，一关关走过困境向碑谷进发。

我们在记录一段经历或是一个事件时经常会使用时间顺序，可以通过路径型的视觉框架，把事件的经过按照时间的先后顺序排列出来，就形成了一篇视觉日记。

2. 记录电影的内容

我们还可以通过时间顺序去记录自己的观影感受。其实每部电影都在讲述一个故事，我们在记录的过程中就可以按照故事的时间脉络来进行呈现。

比如《摔跤吧！爸爸》这部电影你肯定看过，是一部豆瓣评分9.1的高分电影。

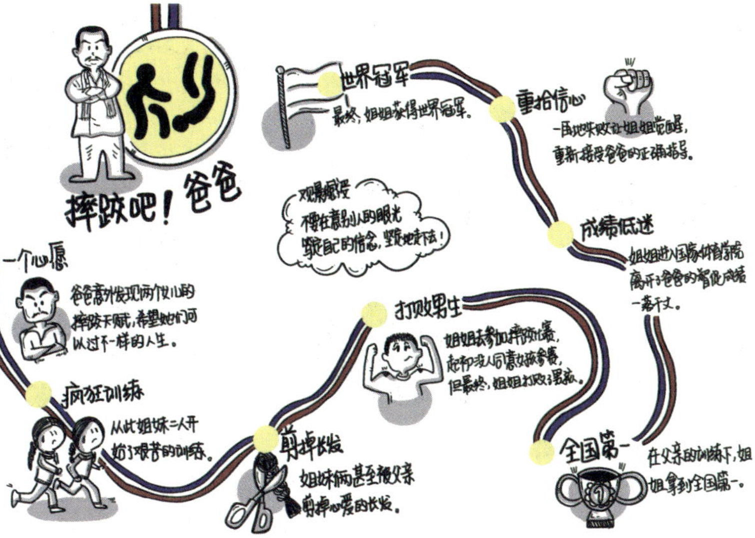

这张图就是我在看完这部电影以后画的，也是采用了路径型的框架和时间顺序来记录影片内容：曾经的摔跤好手马哈维亚打破印度传统，训练自己的女儿成长为摔跤冠军的历程。我在画面中使用了一条悬挂金牌的吊带将主人公不同阶段的经历串联起来，就形成了这篇《摔跤吧！爸爸》的电影记录。

记录这样的电影内容，就是要抓住主人公的发展变化过程，按照时间的先后顺序将事情的演变画出来就好了。你也可以在呈现的同时加入一些自己的观影感受，并用符合主题的视觉元素来渲染画面。

二　空间顺序

通常我们在做旅行日志或者游览日志的时候都会采用空间顺序去记录，也就是按照自己的游览顺序去呈现旅行期间的行程。

比如这张图是我曾经做的一张去云南旅行的行程图，两个人乘坐飞机的部分是起点，第一站到达昆明，可以游览昆明的地标性建筑金马碧鸡坊、著名军事院校陆军讲武堂和云南大学。第二站是大理，游览美丽的洱海、大理古城和喜洲。然后从大理出发，到达第三站丽江，游览玉龙雪山、热闹的丽江古城和富有灵性的束河古镇。第四站是泸沽湖，可以游览宁静的泸沽湖及周边的美景。我用一条小路将整个行程的所有景点串联起来，就形成了一幅云南之行的游览地图。

三　流程顺序

流程顺序就是按照事物进行的次序或者步骤来进行记录，如下面这张“日式铜锣烧”的制作方法图就是采用了流程顺序。

我在学会了铜锣烧的制作方法以后，怕自己忘记，就赶紧把制作铜锣烧的七个步骤按照顺序记录了下来。在题目部分，想到机器猫是最喜欢吃铜锣烧的，于是就画了一个钻到铜锣烧里只露出半个身体的机器猫。七个步骤则都用很简单的图形配合文字呈现出来，可以说是非常有趣的制作方法图啦。把这张图存到手机里，无论是自己查看还是分享给朋友都非常方便。

所以，我们在用一页纸去记录生活的时候，只要用时间、空间、流程的顺序去梳理，就可以很轻松地将生活点滴转化为一张张有趣又好看的视觉日记。

第四节　休闲玩耍

看到这里你应该已经感受到了，一页纸工作法并不只是助力我们的工作，它还可以让我们找回一颗童心，发现生活之美。

这张图很有意思，是我曾经画的一幅小漫画，灵感来自我老公第一次跟我回家见家长的经历，他本来觉得自己很能喝酒，可是第一次见我爸的时候却喝多了。于是我就把这件事情稍微演绎了一下，画出了这幅《第一次见老丈人》的小漫画——一个小哥哥去见女朋友的家长，去之前信誓旦旦，喝多了以后却开始跟老丈人称兄道弟的故事。

很多人总觉得生活平淡无聊，实际上生活中却处处都是精彩，如果不记录下来，这些美好稍纵即逝，我把它们画成漫画，封存美好，留住回忆。希望每个人都可以更加用心地过好生命中的每一天。

其实不光可以从生活中取材画一些有趣的漫画故事，只要你善于发现与创造，看到的一个美景，或是一张照片也能玩起来。

有段时间北京的天气一直不是很好，连续几日的阴天多云过后，终于有一天出了太阳。我抬头看到天空很蓝、白云很美的样子，就情不自禁地拍下了这张照片。

但是，拍完以后觉得这张照片有点空，好像缺了点什么似的，于是就有了下面这张图。

通过软件我在照片上画了一个跳跃的小人和写了一些文字，来表达当时的想法：我们背负了太多行囊，丢掉烦恼，做回自己。画完以后觉得还挺有意思的，于是我就越来越喜欢观察生活中的万事万物，肆意想象。

家里的摆件也可以玩起来啊，这些盛开的花朵像芭蕾舞演员的裙子，看！她们在跳舞呢！

本章总结

一页纸搞定大问题——生活篇

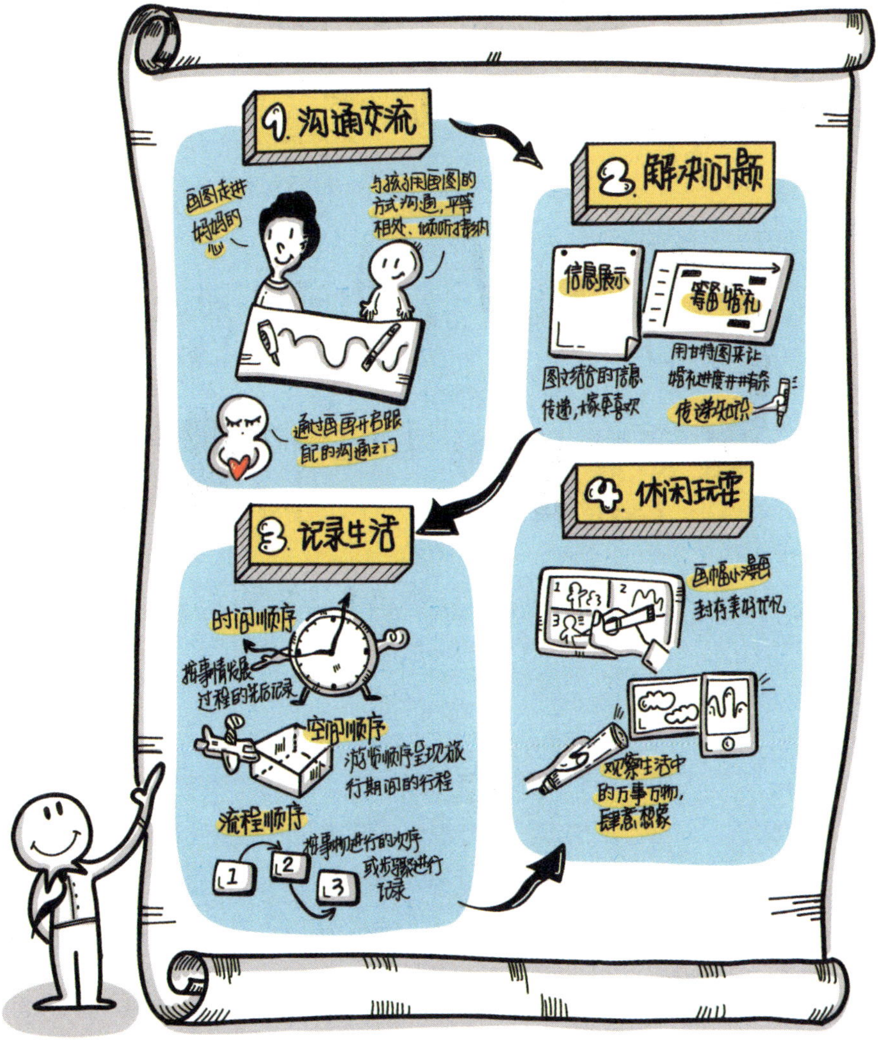

恭喜你，已经走完了这场视觉化思维的冒险之旅。在旅途中，你学到了最基础的视觉元素、一些简单图形的基础画法，学会了将视觉化的思维方式运用到工作、学习、生活的各种场景中。现在，你眼中的万事万物已经不再是原来死气沉沉的模样，所有的物体好像都活了过来。这就是视觉思维的神奇之处，它让你拥有了看待这个世界的全新视角。

今后，期待你可以放下这本秘籍，将一页纸工作法运用到更多元的场景中，演化出更多的用法，达到全新的境界。

【参考书目】

下面的书单罗列了对我学习视觉思维以及写本书起到很大帮助的书籍。

1. 桑尼·布朗,《涂鸦思考力》,江苏凤凰文艺出版社,2017

2. 大卫·西贝特,《视觉会议》,电子工业出版社,2015

3. 大卫·西贝特,《视觉领导者》,电子工业出版社,2017

4. 丹·罗姆,《一页纸创意思考术》,中信出版社,2017

5. 迈克·罗笛,《涂鸦笔记》,电子工业出版社,2014

6. 郑珍好,《视觉思维》,中国铁道出版社,2016

7. 东尼·博赞、巴利·博赞,《思维导图》,化学出版社,2015

8. 芭芭拉·明托,《金字塔原理》,南海出版公司,2013

9. 古典,《跃迁：成为高手的技术》,中信出版社,2017

10. 李笑来,《财富自由之路》,电子工业出版社,2017

11. 瑞·达利欧,《原则》,中信出版社,2018

12. 博恩·崔西,《吃掉那只青蛙》,机械工业出版社,2017

13. 格拉宁,《奇特的一生》,北京联合出版公司,2016

14. 史蒂芬·柯维,《高效能人士的七个习惯》,中国青年出版社,2010

15. 史蒂夫·诺特伯格,《番茄工作法图解》,人民邮电出版社,2011